KB202496

주님 안에서 동역자 된 이신사 목사님은 '어떻게 하면 교회가 건강한 공동체로 성장할 것인가? 어떻게 하면 교회가 지역사회에 선한 영향력을 끼칠 것인가?'를 고민하며, 한결같이 최선을 다하는 귀한 목사님입니다. 이번에 출간된 이 목사님의 『교회가 도시를 사로잡을 때』 책 지면(紙面)마다 '하나님을 향한 전심(全心)'과 '이웃을 향한 진심(眞心)'의 목회 현장 이야기가 녹아져 있습니다. 복음의 능력이 지역사회에 흘러넘치는 아름다운 남군산교회 사역 모델이, 포스트 코로나 시대에 대안을 찾는 목회자들에게 귀한 통찰이 될 것이기에 기쁜 마음으로 일독을 추천합니다.

오정현 목사
사랑의교회 담임, 숭실대학교 이사장

'교회가 도시를 사로잡을 때'라는 제목을 만났을 때 제일 먼저 떠오른 교회는 예루살렘 교회였습니다. 작은 공동체로 시작했던 예루살렘 교회는 순식간에 도시 전체에 영향을 주는 교회가 되었습니다. 솔로몬 행각의 예배는 뜨거웠고, 가정에서 모이는 소그룹의 기도소리는 우렁찼습니다. 위기가 있을 때마다 마가의 다락방에 모여 드린 기도는 기적을 만들어 냈습니다. 적극적인 나눔으로 핍절한 사람이 없었으며 믿는 자의 수가 삼천명씩 더해지는 구원의 역사가 날마다 일어났습니다. 이 책을 읽을 때 저의 머릿속에는 남군산교회와 예루살렘 교회가 교차해서 떠올랐습니다. 그 유사성(similarity)에 놀라움을 금치 못했습니다. 어릴 적부터 군산에서 자랐기에 그 지역의 특징과 필요를 누구보다 잘 알고 있으며, 유년 시절부터 신앙생활을 한 남군산교회에서 담임목회를 하고 있으니 교회 또한 가장 잘 이해하는 도시와 교회에 최적화된 목사입니다. 이런 장점은 목회에서 여실히 드러납니다. 이 책 속에는 그런 수많은 증거들이 담겨있습니다. 이제는 가장 로컬한 것이 가장 글로벌한 것이 되는 글로컬(Glocal)의 시대가 되었습니다. 이신사 목사님은 남군산교회를 통해 지역사회를 섬기고 주님 앞으로 인도하는 지역교회로써의 사명을 멋지게 감당하고 있지만, 그 영향력은 군산을 너머 많은 교회에 영향을 주는 교회가 되었습니다. 예수님께서 갈릴리에 계시는 그 존재만으로 갈릴리가 복을 받은 것처럼 남군산교회가 군산에 존재하는 것만으로도 아브라함의 복이 주변으로 흘러가는 그 멋진 목회현장이 오롯이 담긴 책입니다. 동일하게 이신사 목사님이 남군산교회의 담임목회자라는 존재만으로 그 복은 성도들에게 자연스럽게 흘러가고 있습니다. 이 책을 읽고 있으면 이신사 목사님은 남군산교회의 담임목회자만이 아니라 군산시의 목회자라는 마음이 듭니다.

교회가 지역사회에 어떻게 선한 영향력을 미치며 그 결과로 믿는 사람들의 수가 자연스럽게 더해지는 복음적 교회성장이 궁금한 모든 목회자들에게 기쁘게 추천합니다.

최병락 목사
강남중앙침례교회 담임, 월드사역연구소 소장

이신사 목사는 남군산교회에서 성장하면서 아주 깊은 신앙적 체험과 고민을 갖고 오랜 시간 그것과 대결해 온 다음 세대 우리 성결교회의 기대주 목사님이다. 남군산 교회의 원로목사님이신 이종기 목사님이 아버님이셨기에 원로목사님의 철학과 사역을 잘 이해할 수 있었다. 영성, 소그룹, 평신도 사역을 중심으로 교회를 이끌어 오신 원로목사님의 사역을 몸으로 익혀 온 것이다. 성령의 사역에 예민하여 부흥을 꿈꾸며 남군산교회가 더욱 뜨거워지기를 간구하는 모습이 절절히 담겨있다. 삼학동 주민들의 눈물을 닦아주기를 소망하고 믿음의 전성기를 갖기를 원하는 간절한 기도가 담겨져 있는 것이다. 그래서 이제 그에게 청출어람의 비젼이 생겼다. 그는 남군산교회의 모든 사역들이 지역의 대표적인 교회를 넘어 미래의 대안적 모델로 성장하리라는 확신을 갖고 있다. 실제로 지역사회를 섬기는 단호한 실행과 그에 따른 결단들, 또한 교회의 모든 이들을 소그룹으로 인도하는 목장 제도등 그는 이 책에서 매우 실천적이면서 실제적인 방법을 제시하고 있다. 이신사 목사가 지향하는 도시 선교론의 새로운 모델로서의 남군산 교회의 이야기는 감동적이다. 성령의 역사가 일어난 실제적 사역이 증거되어 있어서 이 책을 읽다보면 모든 사역자들이 큰 격려를 얻으며 하나님께 감사하게 되고 결국 그런 역사와 은총이 우리 한국교회 모두에게 일어나기를 기대하게 된다. 성령이 임재하는 놀라운 찬양의 역사가 남군산의 삼학동만이 아니라 우리 강토 모든 곳에서 울려퍼지기를 간구한다.

황덕형 교수
서울신학대학교 총장

이 책은 교회가 왜 지역 사회에 뿌리를 내려야 하며, 어떻게 지역 사회와 하나가 될 수 있는지를 말해줍니다. 지난 수십 년 동안 남군산교회는 예배를 통해 교회의 존재 목적을 드러내고, 섬김을 통해 교회의 존재 가치를 증명해왔습니다. 이신사 목사가 말하는 교회론은 어떤 대단한 신학적 이론이 아니고, 장차 시행할 멋드러진 계획도 아닙니다. 그냥 지금까지 그 교회가 한결같이 낮은 마음으로 지역 사회에서 실천해온 일종의 목회 보고서 같은 것입니다.

전도와 사회 참여라는 선교의 두 기둥을 든든히 세우지 못하는 것이 이 시대 교회들이 병약해진 주원인이라는 점을 생각하면, 남군산교회는 그런 점에서 선교적으로 멋진 귀감이 되고 있습니다. 교회를 사랑하고, 지역 주민들을 사랑하고, 땅끝 미지의 영혼까지 사랑하기에 가장 복음적인 모습으로 그것을 정확히, 실패나 실수 없이, 실천하고자 애쓰는 한 젊은 목사의 모습을 이 땅의 많은 목회자들이 공감하기를 기대해봅니다.

박태양 목사
TGC코리아 대표, 로잔서울대회 중보기도연합운동본부장

교회가 도시를 사로잡을 때

교회가 도시를 사로잡을 때

이신사 지음
김일환 엮음

1판 1쇄 인쇄 2023.11.27. | **발행처** 우.리.가.본.
발행인 김일환 | **디자이너** 이지윤
편집 박지원, 박수진 | **포토그래퍼** 박지원
마케팅부 kih1037@naver.com

등록번호 제 004호 | **등록일자** 2023.11.27.
서울특별시 영등포구 신길1동 199-22호

ISBN 979-11-964985-4-2
저작권자 Copyright ⓒ 김일환 2023.

교회가 도시를 사로잡을 때

저자 **이신사** | 대담 **김일환**

Y

목차

남군산교회 목적문

우리는 성령의 인도로 기도하는 중에

상한 사람을 그리스도에게 인도하여 그의 가족이 되게 하고,

그들이 아브라함의 복을 받아 행복한 삶을 누리게 하며,

제자훈련을 통하여 그들이 성숙한 사역자가 되게 하고,

세상에서 선교하도록 준비시킴으로써

하나님을 찬미하며 예배하게 한다.

없다_

근래의 조국교회는 수많은 사람들의 비난과 질책의 담화(談話)만 발표된다. 담화문을 발표하는 사람과 읽는 사람은, 모두 같은 표정을 가지고 있다. 그건, 절망을 힘껏 빨아들인 돌무덤 같은 표정들이다. 고운 햇볕이 비추어도, 포들한 바람이 불어와도, 오들한 꽃들이 피어나도, 뭉쳐있는 돌무덤을 바꿀 수는 없다. 그래도 호기로웠던 시절엔 '무엇이 원인일까?'를 논했다. 그러나 이제는 이런 논의가 자체가 무색할 만큼, 교회는 비난의 강줄기 가운데 있다. 교회 안에 있는 구성원, 내용, 형태, 뿐만 아니라, 이제는 포괄적인 이미지까지 비난을 받는다. 그리고 그 수많은 비난 가운데서 가장 핵심적인 비난은, 언제나 교회의 리더인 목회자에게로 향한다. 이제는 감당할 수준을 넘어 섰다.

　　이제 한국사회는 조국교회를 향해 아무런 소망도 기대도 가지지 않는다. 특히, 목회자에게는 더욱 그렇다. 한국사회가 기억하던, 아름답고 살아있으며, 단단한 목회자는 전설이 되어버렸다. 슬프고도 애석한 현실이라 할 수 있겠다. 한국사회가 조국교회를 보는 시각도 이러할 진데, 더욱 공허한 것은 한국교회가 조국교회를 보는 시각도 마찬가지라는 점이다. 그래서 매번 슬픈 오토리버스(auto-reverse) 같이 이야기 한다. 교회다운 교회가 없다고_ 목회자 다운 목회자가 없다고_ 설교다운 설교가 없다고_

있다_

그러나 나는 이 책을 쓰면서, '있다_' 를 말하고 싶었다. 조국 교회에 여전히 좋은 목회자가 많이 있고, 여전히 살아 있는 설 교가 많이 있고_ 여전히 소망할 수 있는 교회가 많이 있다고_ 말이다. 그러나 내가 말하고자 하는 '있음'은, 시대의 스타같 이 유명함이 있는 목회자가 아니다. 오히려 무대의 뒤편서, 봄 을 일깨우는 전사의 발자국 같이, 물이 바다를 덮음같이, 살 아있음을 증명하는 내력이 있다고 말하고 싶었다. 유장한 신 앙의 유산을 이어받아, 숭고한 품위를 지키고 있는 목회자와 설교와 교회가 있다고 말하고 싶었다. 마치 엘리야가 자기 하 나 뿐이라고 탄식할 때 바알에게 무릎꿇지 않은 7,000명의 용 사가 있었듯이 말이다. 그렇다면, 그게 과연 어떤 목회자인가? 어떤 설교인가? 어떤 교회인가?

그런 교회의 이름과 목회자를 호명하고 싶은 유혹이 들 지만, 과감히 내려놓는다. 다만, 각각의 교단에서 여전히 빛 과 소금의 역할을 하고 있는 교회들이 있다. 더 나아가 물이 바다를 덮음 같은, 위대한 역사의 한걸음을 전진하는 목회자 들이 있다. 이건 교회의 이름, 위치, 규모, 사역, 경상비에 관한 논의가 아니다. 우리가 그토록 바라던 '살아있음의 내력'은, 30명이 모이는 개척교회에서도 충분히 볼 수 있다. 또 300명이 모이는 중형 교회에서도 충분히 볼 수 있다. 살아 있는 이야기들이야 말로, 우리시대에 필요한 이야기다. 이 눈에 아무 증거 아니 보이지만, 여전히 **빼앗길** 들에서 눈물로 씨를 뿌리는 교회들이 있다. 물론 추수는 주인이 하시겠지만, 다만, 우리는 그들을 발견하지 못할 뿐이다. 그러나 그들의 이야기는 발견되어야 하고, 펼쳐져야 하고, 읽어야 한다.

살아 있는 내력을 이야기 하기 위해서 나는 바울의 심정처럼, 스스로를 자천해본다. (고후6장4절) 그러나 나의 자천은, 허영과 허위를 토로하기 위한 공간이 아니다. 나의 자천은 '정확한 사랑의 실험'을 했던, '남군산교회'의 이야기다. 누군가는 나의 이 말에, 조소나 실소를 던질 수 있겠다. 또 누군가는 돌을 던질 수도 있겠다. 또 스스로의 '확신'에 대해서 누군가는 허영과 교만이라고 밀어부칠 수도 있겠다. 그러나 나도 한 마디를 하고 싶다. 그건, 자신이 담임목회를 하는 그 교회에 대한, '살아있음'에 대한 확신도 하지 못한다면, 어떻게 세상의 대안(對案)이 되겠는가? 어떻게 성도들의 삶에 방안(方案)이 될 수 있겠는가? 적어도 내가 담임목회를 하고 있는 남군산교회는, 세상의 대안(對案)이 될 수 있고, 성도의 삶에 방안(方案)이 될 수 있다고 생각한다. 더 나아가, 조국교회를 대표하는 교회는 아니더라도 지역 교회의 좋은 모델이 될 수 있다고 확신한다. 나의 이 말이 누군가에겐 의심스러운(mystery) 말 같이 들릴 수 있겠지만, 또 어떤 이들에겐 비밀(miracle)한 것들을 깨닫는 책이 되길 바란다. 나의 이런 확신들이 궁금하다면, 이 책으로 깊게 들어오길 바란다.

바란다_

나는 이 책을 통해서 바라는 것이 있다. 그건, 두려움이 포함된 감정이다. 그걸 가장 단순하게 표현해 본다면, '책의 잉태' 그 자체라고 하겠다. '책'은 생물이다. 책은 손과 발과 입이 있다. 잉태된 책은, 이제 저자의 입을 떠나, 기획자의 자판을 떠나, 저 혼자 돌아다니게 된다. 그러나 어떤 사람에게, 어느 곳에서, 저 혼자 무슨 말을 하고 다닐지 걱정하지 않을 수밖에 없다. 물론, 나는 어쩔 수 없는 일이라고 생각한다. 역사를 돌아보면, 책도 사람과 마찬가지로 자기의 길을 가는 것이 운명이었다. 거룩한 성경이, 오늘 우리에게까지 전해진 역사도 그런 것 아니겠는가. 다만 간절히 바랄뿐이다. 필자는 죽고 독자는 끊임없이 탄생하는 법이니, 더 많은 목회자들과 신학생들에게 유익만 되길 바란다.

이 땅의 '무'라는 존재에서, '유'라는 존재로 탄생되는 창조의 신비에는 하나의 리듬감이 있다. 그것은 한 존재를 녹여내는 '시간'과 '고통' 그리고 '성장'의 과정을 겪는다. 역사를 모르는 남녀가 만나 사랑으로 하나가 되고, 하룻밤 한 시간의 사랑의 열매로 임신을 하게 된다. 그리고 열 달 이라는 지구가

17

자전하는 시간을 견뎌 내야하며, 그 절정에는 해산의 고통과 출산의 기쁨이 기다리고 있다. 한 생명이 태어나는 것은 부모로부터 시간을 물려받고, 중력의 고통을 견뎌내며, 성장을 이루어내, 한 존재가 되는 것이다. 이 책 역시 마찬가지다. 이 책도 '무'에서 '유'라는 존재로 탄생하는 리듬감을 비슷하게 견뎌내었다. 서로 잘 모르는 저자와(이신사목사) 역자가(김일환전도사) 만나, 글을 쓰고, 땀을 흘려 책을 만들어, 10달이라는 지구가 자전하는 시간을 견뎌내었다. 또 중력의 고통을 견뎌내며 성장을 이루어내 한 존재가 된다. 그 이유는 오직 신학생, 전도사, 목회자들이 더 성장하길 바라는 마음 이었다. 다시 한번 강조한다. 다만 간절히 바랄뿐이다. 필자는 죽고 독자는 끊임없이 탄생하는 법이니, 더 많은 목회자들과 신학생들에게 유익만 되길 바란다.

항상 기도해 주시고 바른 목회의 길로 인도해 주신 사랑하는 부모님(이종기 원로목사님, 형복자 사모님)과 무조건적인 지지와 도움을 주고 있는 누님부부(노경수 집사, 이은혜 집사)와 동생부부(이신국 집사, 홍초롱 집사)에게 깊은 감사를 드립니다. SaGA 멘토링을 통해 귀한 도전을 주신 오정현 목사님(사랑의교회), 따뜻한 사랑으로 우리 부부를 품어주신 김경섭 목사님과 김인경 사모님(오렌지카운티영락교회), 오랜 기간 남군산교회를 사랑해 주신 박명수 교수님(현대기독교역사연구소), 부족한 제자를 아껴 주시는 황덕형 총장님(서울신학대학교), 용기 내어 추천사를 부탁드렸을 때 흔쾌히 수락해 주시고 따뜻하게 격려해 주신 최병락 목사님(강남중앙침례교회), 언제나 응원해 주시는 형님 같은 박태양 목사님(TGC코리아)께 감사드립니다. 이 책이 탄생할 수 있도록 이끌어 주신 김일환 전도사님(우리가본교회)과 홍정표 목사님(부르심교회) 그리고 수정 및 교정으로 수고한 우리 부교역자들(김형근 목사님, 박남주 목사님, 박창현 전도사님)께 감사드립니다. 특별히 남군산교회 모든 성도님들, 무엇보다 목자와 총무님들에게 깊은 감사의 마음을 전합니다. 이 책은 예수님께서 남군산교회 성도들을 통해 이루신 은혜의 이야기입니다. 그리고 사랑하는 아내 이호은 사모와 하나님께서 선물로 주신 영혜, 영준, 영서에게 따뜻한 마음과 감사를 전합니다. 끝으로 군산 땅에 남군산교회를 세우시고 당신의 선하신 뜻을 이뤄 가시는 교회의 주인이신 복되신 예수님께 가장 큰 감사를 드립니다.

I. 서론

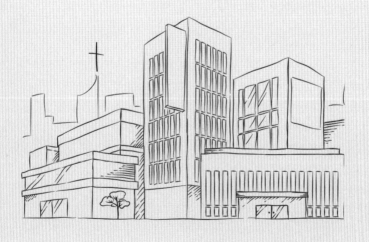

/ 교회란 무엇인가

/ 무엇이 교회인가
이 책을 쓰는 이유
대안적 교회의 모델을 꿈꾸며

김일환[1]

안녕하세요, 목사님. 반갑습니다.(웃음) 저는 〈우.리.가.본〉교회 김일환 전도사라고 합니다. 저는 평소 남군산교회에 대해서 상당히 많은 이야기를 들었습니다. 제가 외부에서 들었던 이야기 중 가장 인상적이었던 부분은 교회의 지역인, 삼학동에서 행하고 있는 '사랑의 실현들'이었습니다. 그건 한편으로 볼 땐, 남군산교회가 추구하는 '선교의 시스템' 같이 보이기도 했지만, 또 한편으로 보기엔, 성경의 요구를 실행하는 '복음의 시스템' 같아 보이기도 했습니다. 그리고 그 방식이 상당히 인상적이었습니다.

실제로 제가 군산 지역에서 사역을(군산중동교회) 했을 때도 남군산교회에 대한 이야기를 정말 많이 들었습니다. 그래서 목사님을 이렇게 만나게 돼서 반갑고, 제가 직접 목사님께 책을 쓰는 게 어떠시냐고 말씀도 드렸는데요. 이렇게 수락해 주셔서 감사하고요. 먼저 자기소개 부탁드립니다.

이신사

안녕하세요!(웃음) 제 소개를 하자면 저는 남군산교회를 가장 많이 경험한 사람 중에 한 명이라고 얘기하고 싶습니다. 6살 때부터 이곳에서 성장했고, 또 여기에서 신앙 교육을 받았고,

---

1 기독교 대한 성결교회 〈우.리.가.본〉교회 담임전도사. 저서로는 혼자(규장/2020), 무명(규장/2021), 관계(규장/2023)이 있으며, 대담집으론 목회전서(우리가/2019), 목회철학(우리가/2021), 목사가 힘듦을 이겨낼 때(우리가/2023) 등등이 있다.

사역도 여기에서 했어요. 유학을 간 3년 6개월을 빼고는 스무 살 때부터 지금까지 학생회, 청년회를 거쳐 장년까지 사역하고 있기 때문에 그래도 우리 교회를 가장 잘 알고 있는 사람들 중 한 명이라고 생각합니다.

서울신학대학교에서 교단(기독교대한성결교회) 신학을 배웠고, 미국에서는 탈봇신학교에서(Talbot School of Theology) 공부했습니다. 탈봇신학교는 자유주의 물결이 불 때 "우리 성경으로 돌아가자." 하는 목적 하에 세워진 근본주의[2] (fundamentalism) 신학교입니다.

---

2 근본주의는, 정통적 개신교의 신앙을 수정하거나 성경의 무오류성에 의문을 제기하는 모든 자유주의적 시도에 저항하는 20세기 초엽에 나타난 운동을 가리킨다. 가장 중요한 근본 교리들은 다음과 같다. (1)성경의 영감과 무오류성, (2)삼위일체의 교리, (3)그리스도의 동정녀 탄생과 신성, (4)그리스도의 대속적 죽음, (5)그리스도의 육체적 부활, 승천, 재림(파루시아). 그런데 이 다섯 가지의 교리들은 역사적으로 늘 상 정통주의의 교리였기 때문에, 역사가들은 성경에서 가르치는 것과 반대되는 것처럼 보이는 모든 교리들에 대하여 반박하는 것에서 근본주의의 독특성을 찾으려 하고 있다.

김일환

그곳에서 전공은 어떤 걸 하셨나요?

이신사

저는 성경신학을 공부를 했습니다. 콘텍스트(context) 안에서 성경본문(Text)이 말하고 있는 정확한 의미가 무엇인지를 찾는 방법을 공부했습니다. 한국으로 돌아와서는 연세대학교 선교학(Ph.D)에 입학하여 공부하였고, 지금은 논문을 남겨두고 있습니다. 사실 현대 철학을 통해 세계관을 보는 공부를 했기 때문에, 제 안에는 보수적인 신학이 강하지만 또 다른 면에서는 세계를 읽고자 하는 진지한 노력들이 있어서 어느 정도의 균형감이 있습니다. 아무래도 그건, 어머님께서 기도를 많이 해주셔서 하나님께서 그렇게 인도를 해주신 것 같아요.

김일환

목사님, 근본주의부터 자유주의까지 공부를 하신 폭이 굉장히 넓네요. 보통 한 명의 담임목회자는, 한 가지 방향만 공부할 뿐이죠. 그 안에서 자신이 공부하고 알고 있는 것만을 이야기하는 법인데, 목사님은 굉장히 넓은 폭을 가지고 있습니다. 그래서 신학과 교회를 해석하는 관점이 해박하시겠네요. 이건 다른 목회자들에게 없는, 엄청난 장점 같습니다.

그다음으로 가족 소개도 조금 잠깐 해 주시겠어요?

이신사

아내와 자녀 3명이 있습니다. 아내 이름은 이호은이고, 큰 딸은 이영혜(중학교 2학년), 둘째 아들은 이영준(초등학교 6학년), 막내는 이영서(초등학교 3학년) 입니다. 자녀들의 이름은 저희 아버님께서 지어주셨습니다.

김일환

자녀가 3명이면, 되게 시끄럽고 화목하고 그러시겠어요.(웃음)

이신사

맞습니다. 저의 집은 항상 즐겁습니다.(웃음)

김일환

좋네요.(웃음) 사모님은 어디서 만나셨나요?

이신사

어릴 때 저희 교회에서 만났습니다. 제 아내가 초등학교 6학년 때 저희 교회 근처에 살았는데 저희 아버님이 전도하셨습니다. 결국엔 며느리를 전도하신 게 되었습니다.(웃음)

김일환

정말요? 너무 재밌네요. 그런데 목사님은 거의 인생이 교회밖에 없네요. 교회 소개도 잠깐 해 주시면 좋을 것 같습니다.

이신사

저희 교회는 1969년도 12월 3일에 개척된 교회이고 기독교대한성결교회 소속입니다. 5대 담임 목사님이신 이종기 원로 목사님께서 1983년도 6월 23일에 부임하셨는데 그때까지 땅 한 평 없는, 아무것도 없는 교회였습니다.

김일환

처음부터 건물이 있었던 교회가 아니었나요?

이신사

땅은 우리 땅이 아니고 건물만 우리 교회가 가지고 있었어요.

김일환

그럼 그때 당시에 성도는 몇 명 정도였나요?

이신사

그때 당시 20-30명으로 추정됩니다.

김일환

정말요? 20-30명 정도밖에 안 됐는데, 지금은 군산에서 가장 큰 교회 중에 하나로 성장했군요! 너무 신기합니다!

이신사

저희 원로목사님 목회 철학이 '아브라함의 복'인데요. 우리 교
회가, 그리고 성도들이 너무나 가난했기 때문에 부임(1983년)
하신 후 1년 동안 교회에서 철야를 하시면서 남군산교회에서
어떻게 목회를 해야 하는지 고민하며 기도하셨어요. 그때 받
은 말씀이 '아브라함의 복'입니다. 주일학교 교육관 앞에 보
면 '아브라함의 복'이라고 적힌 큰 돌이 있습니다. 이 말씀을
통해 우리 교회가 많은 복을 받았습니다. 그 후, 1999년이 또
하나의 모멘텀(momentum)이라 할 수 있는데 원로목사님께서
기도하시며 세우신 '남군산교회 목적문'과 '2030 비전'을 선
포하셨습니다. 확실한 건, 그때 교회가 크게 변화했습니다.

김일환

혹시 교회 목적문이 뭔지 좀 설명해 주실 수 있나요?

이신사

이것이 1999년도에 세워진 '남군산교회 목적문'입니다.

우리는 성령의 인도로 기도하는 중에

상한 사람을 그리스도에게 인도하여 그의 가족이 되게 하고,

그들이 아브라함의 복을 받아 행복한 삶을 누리게 하며,

제자훈련을 통하여 그들이 성숙한 사역자가 되게 하고,

세상에서 선교하도록 준비시킴으로써

남군산교회 목적문을 이루기 위해 세운 구체적인 비전은 총 9가지가 있는데 다음과 같습니다.

첫 번째. 우리는 매주 주일성수하는 3천 명의 예배 회중을 꿈꾸고 있다. 모든 교인이 영적 성숙을 위하여 매일 성경을 읽으며, 경건한 기도 시간을 가지며, 하나님께 십일조를 드리기를 원한다.

두 번째. 우리는 경건한 자손들이 이 교회에서 배출되기를 꿈꾸고 있다. 청소년을 하나님 말씀으로 교육하고 기도하여 군산시와 전라북도와 대한민국에 영향력을 끼칠 수 있는 신앙의 인물이 수없이 일어나 21세기를 섬기기를 꿈꾸고 있다.

세 번째. 우리는 매일 새벽 천 명의 새벽 기도꾼들이 모이기를 꿈꾸고 있다. 매일 첫 시간을 하나님께 드려 중보기도하므로 주의 나라가 이 땅에 임하기를 원한다.

네 번째. 우리는 선교하는 교회가 되기를 꿈꾸고 있다. 세계만방에 30명의 선교사를 파송하며, 국내 미자립교회 100교회를 섬기며, 1년에 5개 교회 이상을 개척하며, 미자립교회 목회자 자녀들의 학비를 부담하는 것을 꿈꾸고 있다.

다섯 번째. 우리는 500개 가정교회(목장, 소그룹)와 목자 500명의 평신도 지도자를 꿈꾸고 있다. 모든 교인들이 가정교회(목장) 사역에 매주 동참하여 사역하기를 원한다.

여섯 번째. 우리는 예배, 교육, 선교, 친교, 봉사할 수 있는 충분한 시설을 꿈꾸고 있다. 청소년을 위한 쉼터와 체육관, 문화공간, 지역사회를 섬길 수 있는 여러 시설을 준비한다.

일곱 번째. 우리는 지역사회를 위하여 노인교회, 청소년 사역, 불우이웃 섬김, 호스피스 사역, 교도소 사역들을 통하여 섬기는 삶을 꿈꾸고 있다.

여덟 번째. 우리는 사중 복음(중생, 성결, 신유, 재림)을 통하여 변화된 삶을 꿈꾼다. 예수님을 닮아가는 삶과 생활 전체를 주님께 드리기를 원한다.

아홉 번째. 우리는 하나님의 능력이 임재하므로 사랑이 회복된 신앙 가정공동체를 꿈꾼다. 서로 세워주고 격려하며 서로의 아픔을 감싸주기를 원한다.

이게 2030년까지 우리가 하고자 하는 비전인데 지금 가장 근접해 있는 것은 선교사 파송입니다. 26명을 파송했는데 참으로 감사하게 12월 3일, 교회창립 일에 4명을 더 파송하게 되어, 올해 총 30명이 됩니다. 그래서 네 번째 비전이 곧 성취되면 이제 꿈 너머의 꿈을 바라보게 됩니다.(웃음)

김일환

남군산교회는 참 좋은 교회네요. 혹시 그 외에도 남군산교회가 주력하는 사역들이 있을까요?

이신사

저희 교회의 모토는(motto) '평신도를 세워 사역하는 교회', '소그룹 중심으로 성숙해 가는 교회'입니다. 평신도를 훈련시켜 목장의 목자와 총무로 세워서 그들이 가정교회의 목회자 역할을 하게 합니다. 외부에선 남군산교회가 사회봉사로 많이 알려져 있지만, 사실 핵심 사역은 '평신도를 세워 사역하는 교회'입니다. 또 '소그룹 중심으로 성숙해 가는 목장 교회'입니다. 그래서 홈페이지의 중심에도 '평신도를 세워 사역하는 교회, 소그룹을 중심으로 성숙해 가는 교회' 라고 정확하게 표기했죠. 이건 교회의 모토(motto) 이자, 저의 목회철학에 아주 중요한 두 기둥입니다.

김일환

감사합니다. 그런데 아직 사회봉사 측면은 설명을 해주시지 않으셨는데, 이 부분은 잠시 후 본론에서 깊게 여쭤보도록 하겠습니다.

목사님! 이 책의 제목을 참 멋지게 지어주셨는데요. 책 이름이 '교회가 도시를 사로잡을 때' 이런 방향은 평소에도 깊게 생각하신 부분인가요? 더 나아가 남군산교회가 실제로 이 지역에서 어떤 영향을 끼치고 있는지 여쭤보고 싶고요. 목사님, 이 제목을 쓰신 이유와 책을 쓰시게 된 계기도 여쭤보고 싶습니다.

이신사

먼저 이 책을 쓰게 된 이유는요. 남군산교회가 '지역교회로서의 좋은 모델이 될 수 있지 않을까'라는 생각을 했습니다. 많은 교회들이 세계를 향해 선교하고 구제하는 일은 많이 하지만 실제로 각 교회가 속해 있는 지역을 책임지고 섬기는, 모델이 되는 교회를 많이 본 적이 없습니다. 그런 면이 남군산교회가 다른 교회와 차별되는 점이라고 생각됩니다. 그래서 이런 교회도 있다고 알려주고 싶었습니다. 또 누군가에게는 이

정표가 될 수도 있다는 생각에 용기를 내 보았습니다.

한국교회에선 늘 교회의 크기에 대한 논쟁을 합니다. 그리고 그 크기에 대한 기준은 물리적인 '숫자'입니다. '성도', '헌금', '부동산' 등등을 물리적인 수치화로 정리하고, 그것을 교회의 기준으로 생각하는 것이죠. 그런데 과연 그게 성서의 기준일까요? 아니에요. 성서적 기준에서 교회의 '크기'는 물리적인 숫자가 아니라, '명도(Brightness)'입니다. 명도가 뭐에요? '빛의 밝음과 어두움의 온도'에요. 그래서 교회의 크기는 빛의 크기입니다. '명도'는 영어로 'Brightness'에요. 아마 성서는, Brightness의 크기로, 교회의 크기를 판단할 것이에요.

우리 잘 생각해 봅시다. 1만 명이 모였는데, 어두운 교회가 얼마나 많습니까. 1천 명이 모였는데, 세상에 빛이 되지 못하는 교회가 얼마나 많습니까. 하나님의 기준에서 교회의 크기는 '숫자'가 아니라, '명도'라고 생각합니다. 지금 그 교회가 얼만 큼의 빛을 비추고 있는가는 하나님 앞에서 중요한 기준인 것입니다. 계시록의 일곱 교회를 보면, 다섯 교회를 책망하고 두 교회를 칭찬해요. 칭찬받는 '서머나교회', '빌라델피아교회'에 공통점이 있어요. 그건 교회들이 현실적인 가난과 유혹과, 연약한 환경에도, 진리를 지킴으로 빛나고 있다는 것이에요.

감히 확신하건대, 남군산교회는 그런 관점에서, 빛나고 있다고 생각합니다. 그리고 저희 교회가 중대형교회의 대안적 모델이 될 수 있을 것이라고 확신합니다. 더 나아가 저희의 '정확한 사랑의 실험'들은 그런 세상의 소금과 빛의 역할이 분명히 있습니다.

김일환

어려운 질문을 해 봅니다. 목사님이 생각하실 때는 남군산교회의 사역이나 방향들이 한국 교회라는 거대한 시장에 잘 전달되고 표현된다면, 감히 미래 교회의 '대안적 모델'로도 가능하다고도 생각을 하시나요?

이신사

네. 저는 어느 정도 그렇게 생각하고 있습니다. 코로나 이후 많은 학자와 목회자가 '앞으로 교회는 이렇게 되어야 한다' 라고 제시하는 교회의 특징이 있습니다. 그 주요한 특징 중 한 가지는 지역사회와 상생하는 교회이고 다른 한 가지는 소그룹이

교회가 도시를 사로잡을 때

살아있는 교회입니다. 우리 교회는 삼학동과 30년 이상 꾸준히 함께해온 교회입니다. 그래서 별칭이 '삼학동의 눈물을 닦아주는 교회'입니다. 그렇기 때문에 좋은 모델이 될 수 있을 것이라고 생각합니다. 더 나아가 소그룹(목장) 중심의 교회입니다. 그리고 이 모든 것들이 평신도 사역을 통해 이루어지고 있기 때문에 완벽하진 않지만 앞으로의 미래교회에 좋은 '대안적 모델'이 될 수 있다는 생각이 있습니다.

김일환

목사님 생각엔, 한국 교회에서 재정적으로 자립을 하고, 그 지역의 대표가 되는 교회라면, 그 방향을 '지역성'에 더 집중해야 된다고 생각을 하시는 거죠?

이신사

글로벌한 것도 필요하지만 지역사회에 관심을 가지는 것도 중요합니다. 교회는 사실 이 두 가지를 동시에 추구해야 합니다. 그것이 교회가 가지고 있는 아름다운 균형감이라고 생각합니다. 그러나 다소 안타까운 지점은, 이 두 가지 중, 한 가지만 집중적으로 선택한다는 점입니다. 대부분 글로벌한 지점에 너무 관심을 많이 가져서, 지역사회에 대한 관심을 주지 않습니다. 무엇보다 지역사회에 관한 봉사와 섬김을 '주민센터'의 전유물로만 생각하는 것 같아서 아쉬운 경향이 있습니다.

그러나 교회의 아름다운 역사를 보면, 언제나 지역사회에 관심을 많이 가졌습니다. 지역의 복지가 필요한 이들에게 주저하지 않고 다가갔습니다. 또 복지의 사각지대에 있는 이들을 발견하고, 그들에게 예수님의 사랑을 전하는 것에 주저하지 않았죠. 아니 계산하지 않았죠. 그러나 요즘은 그런 지역사회를 섬기는 교회의 아름다운 역사가 퇴보한 것은 아닌가.....걱정이 되기도 합니다.(깊은한숨)

김일환

쉽게 이야기하면, 교회가 '지역성을 잃어버렸다' 라고도 이해할 수 있겠네요.

이신사

네. 어느 정도는 그렇게 생각합니다. 그게 외면할 수 없는 진실입니다. 인정해야 할 사실입니다. 우리 모두는 지금 한국교회는 어디로 가고 있는지를 고민해야 합니다. 그렇기에, 이 시기에 목회자들에게 더욱 요구되는 것은 '교회론'과 '선교론'에 대한 재발견이라고 생각합니다. 이 두 가지 신학을, 지금 다시 공부할 필요가 있습니다. 그것이 없으면, 한국교회는 빠르게 걸어가도, 결국 제자리만 걸어가는 공허(空虛)에 있지 않을까 염려됩니다.

김일환

제가 봐도 그렇습니다. 저는 영등포구에 사는 사람인데 이곳에도 큰 교회들이 꽤 있습니다. 그러나 지역사회를 섬기는 교회는 굉장히 희박합니다. '지역 정치'에는 관심이 많은데, 지역에 있는 열악함에 대해서는 관심이 없습니다. 교회가 주도성을 가지고 서민들이 가지고 있는 열악한 것들을 채우고자 하는 의식들이 굉장히 적습니다. 그러나 남군산교회는 그런 것들이 많이 있는 것 같습니다. 그 구체적인 것도 역시 잠시 후에 여쭈어 보겠습니다.

그런데 또 다른 질문을 해봅니다. 목사님, 이렇게 지역사회를 위해서 사역을 하면 굉장히 손해 보는 것들이 많이 있지 않나요?

이신사

오히려 손해보다 도움을 많이 받습니다.(웃음) 예수님께서도 "주는 것이 받는 것보다 복이 있다.(행20:35)" 라고 말씀하셨는데요. 저희가 섬기는 사역을 크게 할 때가 있는데 그때마다 하나님께서 그 이상으로 재정을 채워주시는 경험을 많이 하게 됩니다. 하나님의 일은 하나님께서 하시는데 다만 하나님께서 우리를 사용하시는 것이고, 사용하실 때는 또 필요한 것들을 채워주신다고 생각합니다. 그리고 묵은 것이 나가야 새로운 은혜가 들어옵니다. 순환이 되어야 합니다. 그래야 교회가 썩지 않습니다.

김일환

교회 성도님들의 마음이 궁금하네요. 교회가 이런 지역사회 섬김에 동참하는 것에 대해서 어떤 마음을 가지시는 것 같나요?

이신사

굉장한 자부심을 가지고 있습니다. 이건 정말 확실합니다. 성도님들이 사역하는 모습을 보면 알 수 있는데 매우 적극적으로 그리고 주도적으로 합니다. 기쁨과 보람을 가지고 사역하고 있다는 것을 느낄 때가 많습니다.

김일환

'미래 교회의 대안적 모델'이라는 부분에 대해서 한 번만 더 질문을 해보도록 하겠습니다. 혹시 남군산교회가 삼학동에 집중을 하게 된 이유가 있을까요?

이신사

원로목사님께서 지역사회를 섬기는 사역을 시작하실 때 갖고 계셨던 목회 철학이 있습니다. '사랑은 가까운 곳에서부터'입니다. 원로목사님은 가까운 곳에서부터 사랑해야 한다는 것을 자주 강조하셨습니다. 사랑은 가족과 주변 사람부터 해야 하는 거죠. 그래서 우리 교회는 우선적으로 삼학동에 집중합니다. 아주 단순한 이유입니다. 우리 교회가 삼학동에 있기 때문입니다.

지금은 삼학동에 집중하고 있지만, 역량이 되면 삼학동을 넘어서 군산시 전체를 향해서 지역 섬김을 도전해 보려고 합니다.

혹시 C.S.루이스의 '스크루테이프의 편지(홍성사/2018)'를 읽어 보셨는지요? 그 책은 마귀가 사촌 마귀에게 쓴 편지입니다. 그 내용 중에 '가까운 사람을 미워하고 싸우게 만들고, 멀리 있는 사람만 사랑하게 하라. 그러면 사랑이 아무에게도 전달되지 않을 것이다.' 라고 이야기를 합니다. 저는 참으로 탁월하고 날카로운 지적이라고 생각합니다.

김일환

혹시 남군산교회가 '대안적 교회 모델'이 된다는 전제 하에, 다른 지역 교회들이 이런 교회를 배우려고 할 때 사역의 '매뉴얼(manual)' 같이 제시해 줄 수 있는 것들이 있을까요?

이신사

저희 교회 섬김 사역은 처음부터 계획과 틀을 세우고 한 게 아닙니다. 우선 당장 보이는 어려운 부분을 섬기면서 시작되었습니다. 이런 관점이라면, 어느 교회나 다 따라 할 수 있지 않을까요? 작은 교회들에게도 권유하는 부분은, '보이는 부분부터 시작하라'입니다. 그리고 섬김을 시작하게 되면 시작해야만 볼 수 있는 또 다른 필요한 부분들도 보이기 마련입니다.

그렇기에 중요한 것은, 지금 보이는 부분부터 시작하는 것입니다. 그 지역 안에서 필요한 것이 무엇인지를 보고, 할 수 있는 작은 것부터 시작하는 게 좋지 않을까 생각합니다.

김일환

쉽게 이야기해서 지역사회의 가장 작은 것부터 섬기며 시작하는 게 중요하다 말씀하시는 거죠? 단순하지만, 너무 좋네요.

홍정표[3]

갑자기 끼어 들어서 죄송합니다. 저도 질문이 있습니다!!(웃음) 물리적인 스터디든 경험적인 스터디든, 남군산교회가 삼학동을 이해하고 배우고 알게 되는 계기나 혹은 어떤 시도가 있었나요?

이신사

특별한 연구라기보다는, 특별한 관심이 중요한 것 같습니다. 군산시에서 가장 돌봄이 필요한 동네 중 하나가 '삼학동'입니다. 저는 어려서부터, 그런 '삼학동'에서 자랐기 때문에 아무래도 이 지역에 무엇이 필요한지, 무엇이 어려운지를 다른 사람들보다는 좀 더 잘 볼 수 있겠죠. 그 관점에서 유연하게, 예수님의 마음으로 시작하면 됩니다. 다른 교회들이 하고 있

---

3   기독교 대한 성결교회 '부르심교회' 담임목회자. 부르심교회는 선교적 교회로서, 선교와 청년사역에 중점을 두고 있는 교회입니다.

는 것을 따라하는 것을 추천하지 않습니다. 물론, 지역을 섬기는 사역의 형태가 결국 비슷한 형태를 가지게 될 수 있습니다. 그러나 중요한 것은, 지금 나에게 보이고, 지금 내가 할 수 있는 것이 무엇인가를 먼저 파악하는 것이 중요하다고 생각합니다.

사실, 남군산교회도 처음에 '삼학동'부터 시작한 건 아닙니다. 처음은 시설아동들을 섬기는 사역부터 시작했습니다. 몇 명의 아이들에게 밥을 사주고 옷을 사주는 것에서부터 시작했죠. 그리고 그 후에 '삼학동'으로 눈을 돌리게 됐습니다.

김일환

외부에서 목회자들이 이런 사역을 하고 싶어도 사실 구체적인 방법조차 모를 것 같습니다. 이러한 사역을 할 때 사역자들이 가져야 할 어떤 소양을 넘어서, 전문성을 가지고 준비되어야 할 부분들이 있을까요?

이신사

한마디로 말씀드리면 '관심과 사랑의 전문성'입니다.

예를 들어서, 지역에 있는 어려운 가정에 선물을 해주고 싶다고 하면, (지금은 법적으로 못 뽑아주지만) 예전에는 주민센터에서 명단을 뽑아주었습니다. 그러면 저희 교회 사회봉사 연구사역위원회에서 주로 위원장님과 서기 집사님이 150가정이면 150가정을 다 다닙니다. 그러니까 위원장님 같은 경우는 삼학동의 어려우신 분들을 거의 다 알고 있습니다. 심지어, 어떤 섬김 행사가 끝나고 어떤 분이 소천 하셨는지도 구체적으로 파악하고 있습니다. 이것이 제가 말씀드리고 싶은 '사랑의 전문성'입니다. 결국 하고 싶은 말은 이것입니다. 발로 뛰는 게 가장 중요한 '소양'이고 이러한 분을 사역자로 세우는 것이 '전문성'입니다.

김일환

쉽게 이야기하면, 사람을 키우는 사역을 해야 하는 것이네요? 그리고 세워진 리더들이 직접 그 동네를 다 발로 뛰고 직접 보고 알아야 하는 것이고요. 그것은 또한 목회적 차원에서 '전문성'인 것이죠? 무엇보다 남군산교회는 이것이 시스템화로 되어 있는 거군요.

이신사

네. 그렇습니다. 지역 사회의 '전문성'은, 목회적 '전문성'과 함께 생각해야 합니다. 그 역할의 구분은 또한 중요한 것입니다. 이것이 목회자의 중요한 역할입니다. 그런데 이것이 말처럼, 쉬운 것이 아닙니다. 그렇기에 목회자는 여기에 전심으로 노력을 해야 합니다.

김일환

네, 감사합니다. 목사님. 연이어서 좀 질문을 해보도록 하겠습니다. 조금 과격하고 진보적인 질문입니다. 무례하다 생각지 마시고, 사랑으로 들어 주셨으면 좋겠습니다. 그래서 결국, 목사님이 생각하는 '교회란' 무엇인가요? 더 나아가 '무엇이' 교회인가요?

이신사

하하하. 이런 직접적인 질문을 좋아합니다.(웃음) 저는 전도사님의 이런 진지함이 참 좋습니다. 저는 전통적인 교회론을 가지고 있습니다. 교회란, 구약에서는 '하나님의 백성'이고 신약에서는 '그리스도의 몸'입니다. 그래서 교회는 그리스도의 몸이고, 교회 주인은 머리 되시는 예수님이라고 정리할 수 있겠죠? 더 나아가, 반드시 교회는 예수님이 하셨던 사역을 감당해야 하는 곳이라고 생각합니다.

그래서 남군산교회는 예수님이 하셨던 '예배', '교육', '선교', '친교', '봉사' 이 다섯 가지에 집중하고 있습니다. 예산과 재정도 이 다섯 가지에 집중되어 있습니다. 그리고 이러한 사역들에 대한 균형을 지키는 것이 중요합니다. 故하용조 목사님(온누리교회)께서 쓰신 책 '사도행전적 교회를 꿈꾼다(두란노/2010)'에서 하신 말씀을 보면 이러한 균형을 강조합니다.

"온누리교회는 말씀을 강조하면서도 동시에 문화를 중요하게 여긴다. 선교를 외치면서 동시에 긍휼을 소홀히 하지 않는다. 개인의 영성을 기초로 하면서 공동체적 영성을 무시하지 않는다. 그리스도의 문화를 지향하면서 세상을 변화시키기 위해 적극적으로 사회에 참여한다. 온누리교회는 이것들 가운데 어느 하나도 소홀히 하지 않는다. 복음은 이 모든 것을 포함하기 때문이다."[4]

---

4   온누리교회는 말씀 중심의 영성, 성령 중심의 영성, 공동체 중심의 영성, 사회 참여의 영성, 선교 중심의 영성, 이 다섯 가지 영성을 지향한다.

그러나 사역의 우선성은 있다고 생각합니다. 저희가 이 모든 사역을 잘 감당하기 위해서 가장 집중하고 있는 부분이 있습니다. 그것은 바로 '예배'입니다. 왜냐하면 예배에서 에너지가 공급되어야 그 나머지 사역이 작동되기 때문입니다. 예배에서 하나님을 만나고 은혜를 받아야 재정도 채워지고 예배에서 은혜받아야 사역자들이 움직이고 사회봉사도 할 수 있습니다.

요즘 많은 분들이 '이웃 사랑', '환대', '공감' 이런 걸 많이 강조합니다. 그런데 이것이 교회의 전부가 아닙니다. 더 나아가 이런 부분에만 집중하고 '예배' 부분을 축소시키면 안 됩니다. 먼저 예배에서 흘러나오는 생수의 강물을 마셔야 합니다. 그렇게 은혜 안에 푹 잠겨야 합니다. 그렇지 않고 은혜의 샘이 교회에서 말라버리면 모든 사역도 다 메말라 버립니다. 그래서 결론적으로 간단하게 말씀드리면, 주일 예배에 은혜가 있어야 하고 예배가 살아나야 합니다. 그것이 모든 것에 '우선성'입니다.

김일환

그렇죠. 이 두 가지 영역이 균형감 있어야 하죠! 그러나 모든 것에 우선성은 '예배' 라는 이야기가 많이 새겨집니다. 그렇다면 혹시 목사님이 예배에서 가장 중요하게 생각하는 요소는 어떤 게 있으실까요?

이신사

예배는 그 모든 의미를 담아서 '하나님과의 만남'입니다. 그 시간 동안 주님과 만날 수 있도록 준비하는 게 가장 중요하다고 생각합니다.

그것을 위해서 우리는 '기도'와 '예배 준비'를 철저하게 하고 있습니다. 물론 은혜를 주시고 만나주시는 분은 하나님이시지만, 우리가 해야 할 역할도 있습니다. 그것이 '준비'입니다. 찰스 스펄전(Charles Spurgeon)이 이렇게 말했잖아요. '우리가 바람을 불게 할 수 없다. 그러나 바람이 불 때 돛을 펼 수는 있다.'

하나님과의 만남을 위해 우리가 준비할 수 있는 것들이 있습니다. 그것들을 충분히 준비 해야 합니다. 저는 개인적으로 토요일 새벽 예배를 중요하게 생각합니다. 여기서 중점을 두는 몇 가지가 있습니다. 토요일 새벽엔, 먼저 자녀와 가정을 위해서 기도합니다. 그래서 토요일에는 예배 시간을 조금 늦춰서 새벽 6시 20분에 드립니다. 신앙의 3대가 함께 나와서 기도하는 장을 마련해 준 것입니다. 그래서 토요일 새벽예배 출석률이 높습니다. 둘째, 예배 후 강단 기도를 합니다. 찬양팀, 안내 위원, 예배 위원 등 담당자들이 강단 위에 올라가서 30분간 통성으로 뜨겁게 기도합니다. 이런 준비는 정말 필요한 준비들입니다.

또한 기획과 연출의 준비도 매우 중요합니다. 저는 예배는 기획하고 연출되는 게 상당히 중요하다고 보거든요. 예배의 흐름이 끊기지 않기 위해서 찬양팀은 매주 2-3시간씩 예배를 준비하고, 3초 이상 인터벌(interval)이 생기지 않게 하려고 상당히 노력하고 있습니다. 대표기도자는 교회를 대표해서 기도하는 자이기에 기도문을 수요일까지 제출하여 점검을 받습니다. 또 특별한 예배는 반드시 전날 모여서 리허설(rehearsal)을 합니다.

김일환

교회의 굵직한 코어(core)를 예배로 보신 거네요.

이신사

그렇죠. 예배가 살아야 나머지가 삽니다. 이번 코로나 때 예배가 다 무너져서 모이지 못하니까 한국교회가 전체적으로 엄청나게 죽어버렸잖아요. 사역도 죽고 재정도 떨어져 버렸습니다. 그래서 저는 예배가 교회의 엔진이라고 봅니다. 엔진이 큰 교회가 큰 일을 굵직하게 할 수 있다고 생각합니다.

김일환

교회의 엔진이 예배라면, 설교는 무엇으로 비유할 수 있을까요?! 좋은 기름이라고 말할 수 있겠죠? 혹시 목사님만의 독특한 설교 준비 방법이 있을까요?

이신사

아직 부족해서 설교 준비에 있어서 독특한 방법은 없습니다. 요즘 많이 배우고 있는 중입니다. 다만, 설교 준비를 열심히 합니다. 올해 표어가 '내 믿음의 전성기를 갖게 하소서!'인데요. 표어에 맞춰서 말씀을 전하고 있습니다. 특별히 올해는 바인더를 멋지게 만들어서 성도님들께 다 나눠줬어요. 말씀에 더욱 집중할 수 있도록 바인더에 넣을 수 있는 설교 요지를 매주 나눠드리고 있습니다.

저는 사실 담임목사 되기 2년 전부터 주일 오전예배 설교를 격주로 한 번씩 했어요. 담임목사는 4년 2개월 됐으니까, 대략 6년 2개월 전부터 한 거죠. 지금도 그렇지만, 그때도 목회자의 가장 중요한 부분은 '설교'라고 생각했습니다. 그래서 그때부터 2년 동안 일주일에 이틀 정도는 교회에 나와서 철야를 했습니다. 그 시간은 오직 설교를 위한 기도와 헌신을 위해서 사용했습니다. 지금도 정말 피곤할 때는 쉬지만 거의 매주에 하루는 철야합니다. 매주 설교 주제에 관련된 책도 찾아서 여러 권 읽고 참고하면서 설교 준비를 하고 있습니다. 훌륭하신 목사님들 설교도 열심히 들으면서 배우려고 합니다. 그리고 설교의 내공을 쌓기 위해서 요즘은 새벽예배에 올 때 간단한 아침을 가지고 출근합니다. 예배 끝나고 많이 졸기도 하지만 아무튼 아침 8시까지는 기도의 자리에 앉아 있다가 기도 마친 후 목양실로 가서 정오까지는 성경과 책을 읽는 일에만 집중하고 있습니다. 최병락 목사님(강남중앙침례교회)과 안

성우 목사님(로고스교회)께 배운 노하우입니다.

김일환

어떻게 보면 굉장히 자연스럽게 교회론을 소개를 해주셨네요. 예배라는 부분들, 그리고 또 목회자로서 갖고 있는 설교라는 것들에 대한 중요성. 그리고 거기서부터 흘러나오는 교회의 봉사성에 대해 잘 이야기해 주셨네요.

이신사

나무도 뿌리가 가장 중요하잖아요. 뿌리가 얼마나 깊냐에 따라서 그 교회의 건강도는 달라진다고 봅니다. **언제나 교회에게 중요한 것은 '예배', '말씀', '기도'라고 생각합니다.** 기도에 관하여 말씀드리면 저희가 올해부터 새로운 기도 프로젝트를 시작했습니다. 바로 '기도 온도탑'입니다. 성도들이 1시간 기도하면 1도씩 스티커를 붙이면서 기도의 온도를 높이는 거예요. 2030비전을 생각해서 2,030도를 목표로 시작했는데 3주 만에 달성되었고, 4개월 만에 10,000도에 도달했습니다. 새벽 예배도 전보다 더 많이 나오고 많은 분들이 예배가 끝난 후에 한 시간 이상 기도하려고 노력합니다. 이 기간 동안에 본당을 오픈하니 낮에도 성도님들이 계속 와서 기도하였습니다. 자녀들과 함께 기도하러 오는 모습을 볼 땐 참 기뻤고요.

　아까도 말씀드렸지만, 교회에선 '예배', '말씀', '기도'가 저는 가장 중요하다고 생각합니다. 이게 돼야 그 다음 사역이 됩니다. 그 다음 필요한 것이 '새 부대'에 관한 영역입니다. 그러나 이 '새 부대'에 관한 사역도, 다시 '예배', '말씀', '기도'로 회기 되는 영적인 원리를 가지고 있죠. 여하튼 그것이 저의 교회론입니다.

홍정표

개인적으로 이신사 목사님의 아주 큰 장점은 남군산교회를 너무 잘 알고 계신다는 것으로 느껴집니다. 하지만 반대로 생각을 했을 때 가장 큰 단점은 남군산교회만 알고 있는 게 아닌가, 라는 생각이 들기도 하거든요.

이신사

그렇죠.(웃음)

김일환

오오_ 홍정표 목사님 날카로운 질문이었습니다. 좋은 질문이네요. 그래서 저도 날카롭게 이어서 질문합니다. 목사님은 그런 부분에서 어떻게 약점을 보완하시는지도 한번 여쭤보고 싶습니다.

이신사

저는 목회의 90% 이상을 아버님께 직·간접적으로 배웠습니다. 제가 가장 존경하는 분이시고요. 아버님께 목회자의 기본적인 자세와 태도를 비롯하여 교회를 위해 헌신하고 사랑하는 마음을 배웠습니다. 목회적인 방법도 모두 아버님께 배웠습니다. 특별히 기도의 중요성은 아버님 뒷모습 보고 배웠습니다. 지금도 계속해서 아버님의 목회 철학과 방법을 저의 목회로 체화시키려고 노력하는 중입니다. 물론 쉽지는 않습니다. 동시에 사역의 지경을 넓히기 위해 제가 노력하는 부분이 있는데, 다른 목사님들과의 '교제'와 '멘토링'입니다. 저희 교단 외에 다른 교단 목사님들과 만나는 시간을 갖고 있습니다.

작년에는 존경하는 오정현 목사님(사랑의교회)께 SaGA(사랑글로벌아카데미)를 통해 멘토링을 받았습니다. 멘토링을 통해 많은 것을 배웠고, 목회의 시각이 많이 넓어졌습니다. 토요

일 새벽 강단기도도 오정현 목사님께 배운 것입니다. 그리고 거기서 만난 타 교단 목사님들을 한 달에 한 번 정도 만나거든요. 다른 교회에서 이렇게 저렇게 사역하는 모습을 통해서 많은 목회적 영감과 방법론적 소스(source)를 얻습니다. 또 '세.소.목'(세상과 소통하는 목회자 모임[회장 김철승 목사(시온소교회)])이 있는데 한 달에 한 번씩 모임이 있습니다. 40대 목회자 11명입니다. 그 모임의 멘토이신 분이 TGC코리아(복음과도시)의 박태양 목사님인데 목사님께도 많이 배우고 있습니다. 얼마 전에는 최병락 목사님(강남중앙침례교회)께서 저희들의 고문이 되어 주셨습니다. 놀라운 축복이죠. 이강민 목사님(대전새중앙교회)은 지리적으로 가깝고 마음도 잘 맞아 자주 만나서 교제하며 도움을 받고 있습니다.

김일환

그 교회 모임에 참석하는 교회들은 규모가 다 있는 편인가요?

이신사

규모가 비슷하거나 작은 교회들도 있지만 우리 교회보다 큰 교회들이 많습니다. 이 모임들의 장점은 여러 교단이 있다는 거예요. 합동측이 많긴 한데, 순복음도 있고, 침례교도 있고, 다양한 교단이 있기 때문에, 거기에서 오는 다양성이 있습니다. 교단적 특색과 개교회의 장점 그리고 개별적 목회자들만의 어떤 강점들이 있잖아요. 여하튼 저도 많은 곳에서 배우

려고 여러 방면에서 노력을 합니다. 여러 목사님들을 만나서
얘기 나누는 게 저한테는 재산이더라고요.

김일환

성도님들께 오픈을 하신 건가요?

이신사

다 얘기했죠. 주보에 게재까지 했습니다.

홍정표

또 날카로운 질문을 해보고 싶습니다. 목사님께 그 모임은 목
회 아이디어를 주고 또 목회의 고민들을 같이 나눌 수 있는 장
소가 되잖아요? 그런데 남군산교회는 소그룹 중심의 교회잖
아요. 소그룹의 중요 포인트는 서로 교제하고 삶을 오픈하고
나누는 건데, 그런 차원에서 남군산교회의 담임목회자는 어떤
사람들과 삶을 공유하고 나누나요? 목사님께서는 한 명의 목
회자지만 또 한 명의 신앙 성도로써 개인적으로 소그룹의 부
분들을 어떻게 실행하고 계실까요?

이신사

저는 바로 이런 목회자 그룹에서 위로를 많이 받죠. 이 모임이
저한테는 충전이 되고 고민을 이겨낼 수 있는 모임이 됩니다.
또 저희 교회 교역자 목장도 일주일에 한 번 부부가 모여서 설

교 말씀 큐티와 삶을 나누며 목장 예배를 드리고 함께 식사도 합니다.

성도들과의 관계에 있어서는 사실 목회자가 교회 안에서 폐쇄적일 수밖에 없잖아요. 원로목사님께 자연스럽게 배우게 된 지혜인데 성도들과 너무 가족처럼 깊이 관계를 맺으면, 그로부터 많은 문제가 발생합니다. 그래서 사실 일부로라도 어느 정도의 거리감을 유지 합니다. 성도들하고 어느 정도의 선은 필수적이라 생각합니다. 그래서 아쉽고 때론 외롭고 괴롭죠. 그러나 목회자는 교회를 위해, 이 선을 유지하고 지켜야 한다고 생각합니다.

김일환

저도 날카로운 질문을 해보도록 할게요. 홍정표 목사님도 개척교회를 하시잖아요? 혹시 홍정표 목사님은 성도들과 삶의 나눔을 어떻게 진행하고 계실까요? 남군산교회는 중대형교회이기에, 이신사 목사님은 성도들과 어느 정도 거리감이 필요한 것 같고 그 갭은 어쩔 수 없이 생기는 공간이라고 말씀하셨습니다. 그런데 개척교회를 섬기는 홍정표 목사님 좀 어떠하신지 이야기를 듣고 싶습니다.

홍정표

저는 개인적으로 굉장히 많이 피부를 맞대는 스타일입니다. 지금까지 목회를 지난 한 5-6년을 해왔는데 너무 좋은 점들이 있죠. 그리고 저희 교회 같은 경우에는 선교적 교회로 가다 보니 같이 피부를 맞대지 않고는 그 일들을 해내기가 쉽지 않거든요. 선교지에 다 같이 가서 함께 잠도 자고 먹고 해야 합니다. 화장실도 같이 써야죠.(웃음) 그런데 이런 임팩트 있는 시간들이 정해져서 7일이면 7일, 10일이면 10일 동안 굉장히 끈끈해집니다. 공동체 생활에는 분명 그런 것들이 있죠. 그런데 이신사 목사님이 말씀하셨던 성도와의 거리감들이 저도 좀 필요하다고 느낄 때가 있습니다. 저의 부족한 부분들을 성도님도 느낄 수 있고 실제로 성도님이 그런 뉘앙스를 저에게 풍길 때 받아들이기 힘들더라고요. 사실 이게 제가 요즘 많이 고민하는 것 중 하나예요. 목회자와 성도 간의 약간의 거리도 필요하다는 것도 현실적으로는 느끼지만 또 이상적으로는 성도들과 더 가까워지고 싶죠.

그래서 목회적으로 볼 때 어떤 목사님들은 성도와 교회에 관심이 없는 것 같다고 느끼는 때가 있잖아요. 그때마다 '그분들은 어떻게 목회를 하지?' 싶었습니다. 그런데 그게 저의 착각이었나봐요. 그런 교회 일수록 굉장히 잘되고 있었습니다. 그 목회자들이 더욱 성숙한 의식을 가지고 있었던 것이죠. 물론 아직도, 이 영역에 있어서 전부 받아들이는 건 아니지만, 지금은 어느 정도 인정을 합니다. 저에겐 변화가 필요합니다.

김일환

두 분의 대화가 참 좋은 질문이자 대답이었습니다. 저도 많이

57

배우게 됩니다. 소그룹이 특성화된 교회의 성격이 목회자에게는 적용될 수 없는 현실적인 부분도 있고요. 목사님이 외부 모임을 통해 목사님의 삶을 나누면서 열리는 부분도 있군요. 그런데 연이어서 질문해 봅니다. 혹시 이런 괴리감은 없으신지요? 성도끼리의 교제의 깊이는 있지만 그 성도들이 목사님께 들어오고 싶고, 거리감 없이 벽을 허물고 다가오고 싶은데, 목사님의 철학으로 인해서 그런 부분에서 막히는 건 없는지 여쭤보고 싶습니다.

이신사

저도 더 친해지고 싶고 가까워지고 싶은 마음이 있어요. 생일이면 전화해서 축하해주고 싶고 문자메시지도 보내고 싶습니다. 그러나 일부러 안 해요. 그 이유는 우리 교인 모두에게 그렇게 다 해줄 수 없으니까요. 저에게 다가오는 사람과 더 가까워질 수밖에 없는데 그렇게 되면 목사님이 차별한다고 바로 얘기 나오겠죠. 또 교회 직책을 맡긴다든가 이런 부분에서 오해를 사게 됩니다. 그게 참 슬픈 반복의 역사입니다.

김일환

홍정표 목사님한테도 동일하게 여쭤보고 싶어요. 이 질문은 조금 민감한 질문일 수 있습니다. 목사님은 성도들과 삶을 밀착하고 있다고 하셨는데, 반대로 성도가 목사님과 조금 거리감을 두려고 할 때도, 목양적 관계가 유지될 수 있을까요?

홍정표

아픈 질문이네요. 그러나 중요한 질문이죠. 사실 그 부분은 저에게도 상처가 되고 좀 어렵더라고요. 흔히들 목회자들이 '감정 노동'을 한다는 표현을 많이 쓰잖아요. 나는 성도들과 가깝다고 생각을 해서 나의 이런 모습을 보여도 괜찮다고 생각을 했는데, 결과는 늘 다르죠. 오히려 목회자의 개인적인 모습을 부담스러워하는 것 같아요. 그래서 결국 어떤 거리감들이 생기죠. 이럴 때 일반적인 목회의 스킬로는 그냥 받아들여야 하잖아요. 그리고 넘기고 다른 일에 집중을 하기도 하겠죠. 그러나 목회자로 사람인지라, 한 명의 인간으로서 그걸 인지하고 그 감정을 느낄 때 어렵더라고요. 그러나 요즘은 저의 미성숙함이 있던 것은 아닐까? 받아들이고 있습니다.

김일환

뭔가 숙연해집니다. 사실 저도 개척교회를 섬기고 있고, 같은 선상에서 고민을 하고 있었어요. 다른 질문으로 넘어가도록 하죠. 이신사 목사님께서 그대로 목회자와 성도의 거리감이, 교회의 건강함을 위해서 필요하다고 이야기하시는 거죠?

이신사

저도 아프신 분들, 결석하신 분들을 비롯해 전화심방이 필요한 분들에겐 전화합니다. 병원 심방도 하구요.(웃음) 그러나 깊이 이해해야 할 것은, 성도들에게 거리감을 주기 위해서 멀어지는 것은 아닙니다. 오히려 더 예의 있게 사랑의 관계를 유지하기 위함입니다. 성도들도 그것을 알 것이라고 생각해요. 사랑의 온도와 사랑의 언어는 모두 다르니까요. 목회에선 그걸 이해해야 한다고 생각합니다.

김일환

제가 이 질문을 드린 포인트는 목회의 포지션과 입장과 규모가 다르기 때문인데요. 이 부분들이 목회자가 어떻게 교회를 이해하고 있는지에 대해서도 다르게 이해되는 것 같아요. 제가 배운 목회는 이걸 또 다 챙기라고 배우기도 했거든요. 자기를 10km 속도로 멀어지려고 하면 30km 속도로 다가가라. 목회자는 무조건 다가가는 존재다. 라고요.

홍정표

기계적으로도 할 수 있긴 한데 우리도 감정이 있다 보니까 중간에 약간의 데미지가 올 수 있는 거죠.

김일환

그렇죠. 맞습니다.

홍정표

사실 활용이 상당히 쉽지 않죠. 수치로는 얘기할 수 없는 굉장히 어려운 부분이긴 하죠.

김일환

맞습니다. 저도 그런 걸 고민할 수 있는 시간들이 올 것 같습니다. 이 부분이 남군산교회를 이해하는 부분에 있어서 좋은 이야기였던 것 같습니다.

　　그럼 목사님, 연이어서 다른 질문을 해보도록 하겠습니다. 많은 사역 중에서 '삼학동'에만 집중하는 이유, '삼학동만'을 위한 교회가 되고 싶은 이유가 있을까요?

이신사

지금은 '삼학동'이 맞다고 생각해요. 그러나 역량이 되면, 저희 옆에 있는 '신풍동'까지 확장할 것입니다. 사실 지금 신풍동 쪽으로 살짝 넘어가고 있거든요. 더 나아가 계속 성장하고 역량이 계속 주어지면 군산시 전체를 다 품을 수 있는 많은 사역들을 하고 싶습니다.

김일환

교회가 도시에 침투하고 도시도 교회에 의존하고 이런 의미가 어떤 기대 효과를 갖고 올 수 있을까요? 더 나아가 이런 것들이 어떤 의미가 있는지도 얘기해 주시면 좋을 것 같습니다.

이신사

사회봉사 섬김 사역은 사실 뭔가를 기대하고 하는 사역은 아니라고 봐요. 섬김은 그냥 퍼주는 거죠. 만약 '저분이 어렵다?' 그럼 그냥 주는 거예요. 더 나아가 그걸로 끝인 게 저는 섬김이라고 봐요. '기브 앤 테이크(give-and-take)'보다는 무조건적으로 어려움을 도와주는 거고 그걸 통해서 뭔가를 크게 기대하는 건 없어요. 예수님께서 주변에 있는 소외되고 어려운 사람들을 그냥 도와주셨듯이, 그리스도의 몸인 교회도 그렇게 섬겨야 한다고 생각해요. 이 섬김을 통해서 얻어진 게 무엇인지 사회과학적으로 분석한 적은 없어요.

김일환

지금 목사님은 특별한 이야기를 하고 계십니다. 왜냐하면 응당 교회라면 전도 효과를 기대하거든요. 그리고 반드시 투자한 만큼 결과를 요구하죠. 더 나아가 그것을 한눈에 확인 할수 있는 통계학이 필수적이죠.

이신사

사실 이게 굉장히 중요한 것인데요.(웃음)

이 사역을 통해서 전도된 일은 거의 없어요.(큰 웃음)

김일환

이게 또 되게 재밌는 이론이네요.(웃음)

이신사

물론 아주 없지는 않습니다. 전도로 돌아온 사례는, 몇 명 있긴 있죠. 얼마 전에도 어떤 분이 자기 어머니께서 반찬 배달을 평생 받으시다가 얼마 전에 돌아가셨는데, 너무 고맙다고 하면서 저희 교회에 등록하셨거든요. 또 며칠 전에는 교회에서 장학금을 받은 고등학생에게 편지가 왔는데 저희 교회 때문에 교회에 대한 선입견이 사라졌고 그래서 지금은 가까운 교회에 다니게 되었다고 합니다. 그 편지를 읽는데 감사하고 참 행복했습니다. 그 외에도 몇 분은 계시지만, 사회봉사 사역으로 인해서 남군산교회로 드라마틱하게 전도되어 오는 일은 없습니다.

김일환

와... 신기하네요. 이게 재미있는 포인트인 것 같습니다. 기존 교회의 한계는 열매를 무조건 전도라고 생각을 하죠. 남군산교회는 결과에 자유한 것이네요. 그런데 이것이 경제학적인 관점으로 보게 된다면 상당히 재밌는 것 같습니다. 왜냐하면 삼학동에 1년간 쏟아부은 예산이 어느 정도 되시는 거잖아요.

이신사

예산이 궁금하세요?(웃음)

　모두 지역사회를 위한 것은 아니지만 저희가 작년 봉사비로만 1억 9천만 원 정도 썼거든요. 올해는 2억 3천만 원이 책정되어 있습니다.

김일환

엄청나네요. 이게 만약에 1억, 2억이라는 돈을 일반 사람들에게 1천만 원씩 10명씩, 20명씩 만나서 나누어 준다고 생각해봅시다. 그러면 확실히 교인 전도가 될 텐데요. 그러나 말 그대로 이런 섬김을 교회의 '사명'으로 이해를 하고, 또 교회의 '사역'으로 이해를 하니 더 좋은 것 같습니다.

II. 본론

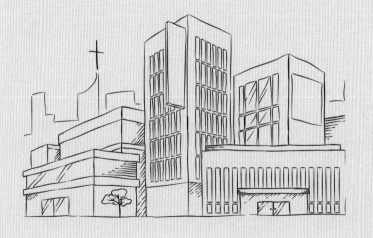

김일환

아까 토론에 이어서 좀 연이은 질문을 한두 가지 정도 더 하고 싶은데요. 한국교회에서 보통 '생존'과 '자립'에만 목적을 둔 곳이 요즘 상당히 많잖아요. 그래서 많이 마음이 아프기도 하죠. 그러나 어쩔 수 없으니, 더 괴롭기만 합니다. 그래서 날카로운 질문을 해봅니다. 그런 '도시 선교론'을 띄지 못하는 교회에 대해 어떻게 생각하실까요?

이신사

에베소서 1장 23절의 말씀처럼, 교회는 '그리스도의 몸'이잖아요. 또 로마서 1장 1절과 2절의 말씀처럼 예수님은 복음이죠. 복음이 그 지역에 있다는 것은 예수님의 실존이 그 지역에 나타나야 하는 것이라고 생각합니다. 예수님께서 갈릴리에서, 특별히 가버나움에서 사역을 하시잖아요. 예수님이 그 지역에 계신 것 자체만으로 갈릴리에 있는 사람들은 많은 복을 받았습니다. 교회가 지역사회에 존재하는 것만으로도 예수 그리스도의 생명력, 구원력, 회복력은 자연스럽게 따라온다고 봅니다. 이건 과학적 원리로 설명할 수 있는 것이 아닙니다. 다만 영적인 원리로 말할 수 있는 것이죠. 그래서 담대하게 말해보면, 교회적인 사정도 있겠지만, 한국교회가 생존을 넘어 사명을 향해 나아가는 마인드가 필요하지 않을까 생각합니다.

김일환

아.. 좋네요. 탁월한 인사이트입니다. 저는 이런 부분으로는 생각해 보지 못했습니다. 목사님이 보실 때는 예수님도 갈릴리의 가버나움, 나사렛 등의 지역에서 끊임없이 사람들을 만나고 연계된 사역을 하셨다고 보시는 거죠.

이신사

그렇죠. 예수님은 갈릴리 특별히 가버나움에 많이 계셨잖아요. 그리고 그곳에 있는 사람들은 기적과 치유와 이적을 경험합니다. 예수님이 육신의 몸을 입으시고 그 지역에 계셨기 때문에 그 지역엔 병도 낫고, 귀신도 떠나가는 등의 회복이 일어났거든요. 교회의 모습은 이런 모습이 있어야 합니다. 그리고 모든 교회는 그 일을 감당할 수 있다고 봅니다. 돈이 많은

교회가 도시를 사로잡을 때

교회, 큰 교회라면 더 큰 일을 할 수 있겠지만 돈이 없는 교회, 작은 교회도 사명을 가지고 시작할 수 있습니다. 이종기 원로 목사님께서도 돈이 있어서 사역을 시작하신 게 아니라, 사명이니까 시작하신 거거든요. 고아, 미자립교회, 선교사 파송 등등, 해야 할 일부터 해나가니 주님께서 많은 부분을 채워주셨습니다.

김일환

좋습니다. 사실 '한국교회' 라는 의미가 개(個) 교회 중심주의로 많이 국한돼서 좀 아쉬운 것 같긴 해요. 그런데 교회가 있는 지역에 섬김의 봉사가 들어가는 것 자체가 상징적인 의미를 담고 있는 것 같습니다. 성서에서 예수 그리스도가 지역성을 띠고 있다는 건 상당히 좋은 의미의 발견 같습니다.

그렇다면 다음 질문을 해 봅니다. '도시선교론'에 있어서 방향은 어떻게 잡을 수 있을까요? 교회의 필요에 의해서 사역을 하는 것이 아니라, 삼학동의 필요에 의한 사역을 시작할 수도 있으신지요?

이신사

물론 그렇습니다. 이런 차원이 더 성숙한 사역의 의미라고 생각합니다. 이미 몇 가지는 그렇게 시작한 것들이 있어요. 먼저 20년 가까이 김장 사역을 해왔는데, 원래 삼학동 주민센터에서 시작한 봉사인데, 일손이 부족해 우리 교회에 도움을 요청하신 거예요. 그러다 우리 교회가 도맡아서 하고 있거든요. 지금은 10kg씩 150가정에 김장을 해드리고 있습니다. 또 매년 더 나아가 그룹홈, 고아원 등에도 보내드리고 있습니다.

두 번째 사역 역시 주민센터에서 '복지 사각지대'에 놓인 분들의 노후 된 집을 도와달라는 요청이 들어왔어요. 처음에는 보일러 교체 등 간단한 부분을 도와드리다가 재능기부로 리모델링 사업을 시작했습니다. 교회에서 재료비를 부담하고 인테리어 관련된 성도님들이 전체적으로 집 리모델링을 하시는 거죠. 그래서 교회와 지역의 연계가 중요한 것 같습니다.

김일환

수원 세 모녀 사건만[1] 해도 말이 안 되는 일이었잖아요. 그런데 남군산교회는 복지 사각지대에 놓인 분들이 기댈 수 있는 교회인 거네요. 지역과 교회가 이미 그런 호흡이 된다는 것 자체가 상당히 연합이 된 것 같은데요. 그런데 조금 이상한 질문인데, 이로 인해서 주변 교회에 미움을 받으신 적은 없으신가요? 원래 이렇게 잘하고 있으면, 배 아파하는 사람들이 주변에 많이 있으니까요.

---

1   2022년 8월 21일 경기도 수원시 권선구의 한 다세대 주택에서, 생활고로 인한 어머니와 두 딸이 숨진 채로 발견된 사건. 이 사건을 현대 사회 시스템의 '복지의 사각지대'라고 평가한다.

이신사

그런 건 없는 것 같습니다.(웃음) 그런다 한들 저희는 교회의 방향대로 묵묵히 할 뿐입니다.

김일환

목사님, 그러면 '도시 선교론'에 대해서 본격적으로 이야기를 해보도록 하겠습니다. 남군산교회에서 진행하는 삼학동의 사회적 봉사가 어떤 부분이 있는지 구체적으로 말씀해주시겠어요?

이신사

현재는 매달 '삼성애육원 24명', '소년소녀가장 2명', '나눔의 집 독거노인 17명', '그룹홈 아이들 11명'을 후원하고 있고, '월드미션', '유니세프', '섬기는 사람들', '베데스다' 등 구제기관에도 후원하고 있습니다. 또한 매주 40가정에 반찬을 배달해드리고, 명절마다 65가정에 소고기 두 근을 보내드려요.

4월에는 군산시 학교에 장학금을 전하는데 현재 초등학교는 50만 원씩 6명(3개 초등학교), 중학교는 80만 원씩 19명(19개 중학교), 고등학교는 100만 원씩 12명(12개 고등학교), 대학교는 150만 원씩 4명(4개 대학교)을 돕고 있습니다. 총 3620만 원입니다. 올해 9회째 하고 있습니다. 초등학생들은 6명밖에 못 주고 있는데 앞으로 더 늘려갈 계획입니다.

김일환

진짜 많이 주셨네요. 장학금을 받는 학생은 이 금액이 어디에서 온 건지 아나요?

이신사

그렇죠. 장학금을 받는 아이들은 군산 시청(인재양성과)의 협조를 받아 학교별로 학교장 추천을 받은 아이들이고, 수여식도 교회에서 합니다. 수여식이 끝나면 같이 식사도 하고 있습니다.

　　이어서 이야기하면 9월 추석에는 '사랑의 장 보기' 행사를 진행하는데요. 삼학동의 형편이 어려운 150가정에 10만 원씩 총 1500만 원의 장을 보게 해주는 행사입니다. 우리는 마트를 가는 게 쉬운데 그분들은 차도 없고, 연세도 많으시니 대형마트를 못 가시잖아요. 그래서 자원한 성도님들 70여 명이 개인차로 각 집으로 가서 교회로 모시고 오면 함께 간단한 모임을 갖고 기념사진을 찍은 후 다 같이 대형마트로 이동합니다. 그러면 마트에서도 자원봉사자들이 장 보는 것, 계산, 포장까지 도와드리고 마트에서 점심을 대접한 후 다시 집까지 모셔다드리지요.

김일환

엄청난 서비스네요. 그런 행사를 할 때 삼학동 주민분들도 당연히 고마워하시죠?

이신사

그렇죠. 교회는 안 오셔도 고마워하세요. 눈물 흘리시는 분들도 계시고요. 이번에 어떤 분이 오셔서 남군산교회 때문에 매번 위로받는다며 본인 보험 해약금 100만 원을 주시고 가셨어요. 그런 일들이 종종 있습니다.

그리고 매년 5월이 되면 경로잔치를 여는데 초대장을 나눠주면, (암표처럼 여기저기 흩어져서 다른 동네 어르신들까지) 1500명 정도가 모여요. 공연도 하고 행운권 추첨도 하는데, 두세 분당 한 분씩은 추첨 선물을 받으실 수 있게 합니다. 끝나고는 20여 가지 이상 반찬을 준비해서 진수성찬으로 식사를 대접하고 나가실 때 모두가 화장지 한 팩을 들고 가시게 합니다. 처음에는 300명 정도로 시작했는데 지금은 1500명 가까이가 모이네요. 가끔 한 번씩 군산시장님도 오시고, 국회의원, 도의원, 시의원님들도 오셔서 함께 축하해 드리고 있습니다.

김일환

이런 교회가 거의 없어요. 그래서 제가 정말 좋아합니다.

이신사

10월에는 학생, 청년들이 직접 연탄배달을 하는데, 이것 역시 20년 정도 이어져온 사역이고요.

9월 추석과 12월 성탄절에는 시설아동들과 영아원 그리고 그룹홈 160명을 섬기고 있습니다. 물품을 제공하는 게 아니라 1인당 5만 원씩 주고 마트에서 직접 자기가 사고 싶은 것을 사라고 해요. 함께 식사도 하고요. 평소에는 그렇게 돈을 쓸 기회가 없으니까 소비 훈련도 될 수 있는 거죠. 이 사역도 10년 정도 된 것 같은데, 종종 너무 감사하다고 손편지를 쓰는 친구들도 있어요.

그리고 그 아이들을 매년 두 번씩 교회로 초대해서 초청 잔치를 합니다. 데코레이션부터 선물까지 아이들의 마음을 행복하게 해주려고 집중해요. 예전에는 고깃집이나 뷔페, 고급 레스토랑에 가서 했는데 요즘은 저희 교회에서 직접 반찬 20가지 이상을 준비해서 진행해요.

올해는 우리 아이들을 위해서 연예인 리키김 선교사님(라잇나우미디어코리아대표)을 섭외해서 초청했는데, 아이들이 너무 좋아하더라고요. 리키김 선교사님께서 아프고 힘들었던 본인의 어린 시절 이야기를 간증해주셨는데 비슷한 아픔이 있는 우리 아이들에게 큰 위로와 도전이 되었습니다. 매년 정기적

으로 진행하는 행사는 이렇고 간헐적으로는 지역에서 종종 도
와달라고 하는 것들을 돕고 있습니다.

김일환

엄청나네요. 특히 고아 사역에 진심인 이유가 있으실까요?

이신사

여기엔 이유가 있습니다. 원로목사님께서도 14살이 되시기
전에 아버지, 어머니까지 다 돌아가셨습니다. 그리고 형님 밑
에서 고아처럼 자라셨습니다. 그래서 그럴까요? 아이들에 대
한 더 애틋하고 깊은 마음이 있으십니다.

　또 슬픈 에피소드도 있죠. 20년 전에, 어느 날 원로목사
님께서 아이들과 함께 고깃집에 갔는데, 사장님이 일부러 안
쓰는 2층 허름한 자리에 세팅을 해놓은 거예요. 고아라고 아
무렇게나 한 거죠. 목사님께서 자리를 옮겨달라고 요청했더
니 안 된다고 했대요. 그럼 다른 식당으로 가겠다고 했습니다.
그러니까 사장님이 자리 세팅 값 50만 원을 내고 가라고 했답
니다. 당시에 50만 원이면 그래도 상당한 금액이거든요. 그런
데 원로목사님께서 우리 아이들 여기서 못 먹인다고 50만 원
내고 다른 좋은 식당으로 갔습니다. 그러니까 아이들 중 한 명
이 울먹이면서, '목사님 고맙습니다....' 하고 진심으로 감사
했다고 하더라고요.

김일환

정말 감동적이네요. 앞으로도 계속 이런 사역을 진행하실 거죠?

이신사

네, 앞으로도 계속할 것입니다. 진심으로 더 잘하고 더 확대해 나갈 계획입니다.

김일환

지금보다 더 확대한다는 건 교회가 더 성장할 거라는 확신이 있으신 거죠?

이신사

성장시켜 주실 것이라 믿습니다!(웃음) 지금보다 더 성장해야, 더 많이 할 수 있으니까요.

김일환

1년 동안 이뤄지는 행사이지만 이렇게 시스템화가 되기까지 엄청난 준비와 노력이 있었던 것 같습니다. 이렇게까지 집중을 하게 되는 원동력과 계기가 따로 있으실까요?

이신사

저희 교회가 특별히 지역 사회를 위한 교회라고 처음부터 강조한 것은 없었고요. 조그마한 거 하나씩 하나씩 하다 보니 자연스럽게 사역이 이렇게 커진 것 같습니다.

김일환

저는 사실 보여주기식 사회봉사에 대해선 비판의식이 있습니다. 많은 교회들이 어려운 지역에 겨울마다 연탄 조금 나르면서, 엄청난 사역과 선행을 한 것처럼 SNS에 비치는 게 비판받아야 한다고 생각하거든요. 조금만 사역을 해본 사람이라면 그 사역이 예산이 크게 들어가지 않는다는 것도 알 텐데, 규모가 꽤 있는 교회에서 그렇게 진행하는 게 우스운 것 같습니다. 이런 사역일수록 더 조용히 해야 하고, 티를 내지 말아야 한다고 생각해요.

이신사

전도사님 예민하시네요.(웃음) 그런데 조금 유연해야 합니다. 여유를 가지고 크게 봅시다. 저는 교회가 하는 봉사와 사역을 어느 정도 세상에 보여줘야 한다고 생각합니다. 왜냐하면 지금 교회 인식이 너무나 좋지 않으니까요. 사실은 '교회'는 이 세상에서 그렇게까지 욕먹을 곳이 아니거든요. 정치적 프레임이 너무 많이 씌워져 있어요.

김일환

이런 말을 하고 부끄러워지네요. 제가 예민했던 것 같습니다. 저도 동의합니다. 그런데 꼭 상품처럼 겨울철 한 시즌에만 보여주기식으로 진행하는 것은 아니라고 봅니다.

이신사

동기의 차이인 것 같아요. **예수님이 아니라 자기 이익을 위해 드러내는 건 문제가 있지만, 전체적인 교회의 이미지와 하나님 나라의 발전을 위해서 어느 정도 보여주는 것은 필요하다고 생각합니다.** 결과적으로 예수님의 이름이 높아지고 사람들이 예수님께로 인도된다면 그렇게 해야 한다고 생각합니다.

김일환

진실한 마음을 가져야 구제, 선교를 효과적으로 만들 최소한의 자격이 있다고 생각하거든요. 그런데 요즘은 그런 것이 희미해진 시대 같아서 아쉬웠습니다. 그러나 반대로 남군산교회가 그런 진실한 마음을 잘 가지고 있다는 것에 대해서 굉장한 자부심을 느낍니다.

연이어서 더 여쭤볼게요. 남군산교회가 삼학동 뿐만 아니라, 작은 교회도 많이 섬기고 있다고 들었는데, 어떤 부분을 하고 계신지 말씀해주시면 좋을 것 같습니다.

이신사

현재 선교기관 40곳, 미자립교회 40곳을 지원하고 있습니다. 작은 교회를 돕는 것은 그 지방회가 우선적으로 책임을 져야 한다고 생각합니다. 코로나로 인해 지방회에서 상황이 여의치 않을 때 저희 교회가 섬겼습니다. 첫해에는 30교회에 100만 원씩 총 3000만 원을, 두 번째 해에는 40교회에 100만 원씩 총 4000만 원을 군산지방회에 속한 교회에 우선적으로 보내 드렸어요. 그리고 작은 교회 목사님들을 위해 매년 추수감사절에 20년간 매년 꾸준히 양복 선물을 해드리고 있습니다. 작년에는 35교회를 섬겼습니다.

김일환

와... 엄청납니다. 혹시 양복비가 한 벌에 얼마정도 하나요?

이신사

60만 원씩 드리고 있습니다. 교회로 목사님과 사모님을 초대해서 양복비를 전달하고 식당에서 식사 대접을 합니다.

또 이 재정은 더 은혜롭습니다. 이건 저희 교회 재정이 아니라 때가 되면 집사님들이 헌금을 해주십니다. 제가 광고시간에 '성령의 감동이 되신 분은 양복 헌금을 60만 원씩 해주세요' 하고 말씀 드리는데, 작년에는 35분이나 헌금해주셔서 35분의 목사님들께 전달이 된 겁니다. 목사님들을 초대하여서 식사를 대접해 드리면서 양복비를 전달하는데 봉투 속에 '이 양복비는 ooo 집사님의 섬김으로 준비되었습니다. 기도해주세요' 라고 편지를 써서 같이 드립니다. 그러면 목사님들께서 기도해 주십니다. 저희 교회 참 좋으신 분들이 많습니다.

김일환

아 그런 깊은 뜻이 있었군요. 목사님 리모델링 사역에 대해서는 계속 관심이 있으신지요?

이신사

네, 군산에 있는 저희 교단에 속한 작은 교회 리모델링을 해드리고 싶은데요. 발전 가능성이 있는 교회가 인프라를 갖추고 바로 출발할 수 있게끔 세팅을 돕는 거죠. 하지만 모든 것을 다 해드리진 않습니다. 이번에 리모델링 해드렸던 교회도, 화장실은 그 교회가 고치도록 했습니다. 그랬더니 들리는 소문으로 성도들이 벌써 1천만 원을 헌금했대요. 어느 부분은 교회가 스스로 해야 내 교회, 우리 교회라는 의식이 생기기 때문에 앞으로도 간판이나 비품 등 간단한 것들은 그 교회에서 진행하도록 남겨두려고 합니다. 리모델링을 마치고 입당 예배를 드렸는데, 그 교회 성도님들이 우시더라고요. 몇 달 전에는 그

교회 목사님께서 성도님들 5명이 늘어났다는 연락을 주셔서 보람도 되고 감사하고 행복했습니다. 그때 이 사역은 계속해야겠다고 생각이 들어서 올해도 예산을 잡아놓았어요.

김일환

너무 좋네요. 그러면 선교사 파송에 대해서도 좀 말씀해 주시겠어요?

이신사

선교사 파송은 교단 선교국에서 저희 교회로 선교사님들의 서류를 보내주시면, '선교연구사역위원회'에서 기도하고 회의를 한 후, 몇 분을 선출하는 과정으로 진행하고 있습니다. 그래서 제가 아는 선교사님보다 모르는 분들이 더 많아요.(웃음)

김일환

선교사님도 이렇게 많이 파송하시고, 정말 엄청나네요. 서울신학대학교에도 장학금을 많이 지원한다고 들었습니다.

이신사

맞습니다. 서울신학대학교가 살아야 역량이 좋은 목회자가 나오고, 그래야 교단의 미래가 달라진다고 생각합니다. 그렇기에 지속적으로 발전 기금을 후원하려고 노력하고 있습니다. 지금까지 2억 6천만 원 정도의 장학금을 낸 것 같습니다. 앞으로 더 많이 크게 섬기고 싶습니다.

김일환

목사님, 다방면적으로 이렇게 후원하시면 교회에 남는 게 없겠습니다.

이신사

원로목사님에 이어 저도 '지속 가능한 시스템'을 구축하는 게 중요하다고 생각합니다. 너무 무리해서 섬기는 것보다, 꾸준히 할 수 있게끔 상황에 조금씩 맞게 늘려가고 있습니다. 저희 교회가 구제 단체는 아니기 때문에, 교회의 5가지 사역인 '예배', '교육', '선교', '친교', '봉사'도 균형감을 가지고 발걸음을 맞추어야 합니다. 재정의 지출에 있어도, 이 5가지 영역에도 균형 있게 지출이 이루어져야 합니다. 앞으로의 비전을 이루기 위해, 땅이나 건물을 준비하는 과정도 필요하고요. 어느 하나도 소홀하게 여길 부분이 없습니다. 그래서 '지속 가능한 시스템'을 추구하는 것은, 가장 중요한 목회적 방향입니다.

김일환

목사님, 그럼 건축도 염두에 두고 계신 건가요?

이신사

일단 주일학교 교육관이 30년 가까이 되었기 때문에 부분적으로 리모델링을 하였습니다. 지금 소그룹 공간, 교육 공간이 부족해서 교육관 건축 계획이 있습니다. 교육관은 주일만 사용하고 나머지 시간은 지역사회를 위한 공간으로 언제나 사람들이 왔다 갔다 하며 도움을 받을 수 있도록 만들고 싶습니다. 얼마 전에 미국의 달라스 지역에 있는 미국교회들을 세.소.목.[2] 목사님들과 함께 탐방하고 왔는데 건축에 관한 많은 영감을 받고 왔습니다.

김일환

지역사회를 위한 것도, 건축도 핵심 동력은 '평신도'라고 들었습니다. 평신도 사역을 소개해 주시겠어요?

이신사

우리 교회 핵심은 '평신도 사역'입니다. 확실한 의미에서 남군산교회는 '평신도 중심'의 교회입니다. 그렇기에 평신도들은 일을 정말 많이 합니다.

지금 우리 교회에 부목사님 2명, 전도사님 1명이 있습니다. 그 이외에는 유급 직원도 없고 관리 집사님도 없습니다. 그런데도 이 규모의 교회가 돌아간다는 것은, 모두 다 평신도들이 중심이 되어서 사역을 하는 것이라고 생각하시면 될 것 같습니다.

---

2   세상과 소통하는 목회자 모임.

김일환

그러면 '평신도 사역자'들이 탈진했을 때, 회복되는 시스템도 준비되어 있는 것인가요?

이신사

사실 그것이 숙제 중의 하나입니다. 지금은 '목자 총무 위로회', '사역위원회 위로회'를 진행하고 있습니다. 목자 총무 위로회는 여행을 일 년에 두 차례 갑니다. 청소 연구 사역 위원회 같은 경우는 '청소 사역자의 밤'이라고 해서 뷔페에서 식사하고 선물도 추첨하는 시간을 갖고 있습니다. 그 밖에도 '반찬 배달 사역자 위로회', '중보기도 사역자의 밤'도 있습니다. 특별히 에너지를 많이 쏟는 위원회는 이렇게 위로회를 갖고 있습니다. 그러나 무엇보다 하나님의 위로하심이 최고겠죠!

김일환

아.. 탁월합니다! '사역'과 '위로'의 균형을 맞추신 거네요. 그런데 성도들 사이에서 목사님이 외부 사역에 퍼주는 것에만 신경 쓰고 우리 성도들과 교제하는 시간은 너무 적으신 게 아니냐, 하는 말들이 나올 수도 있을 것 같아요.

이신사

하하. 맞습니다.(웃음) 일각에서 그런 이야기가 나올 수도 있겠습니다만, 저를 깊이 아는 분이라면, 그 모든 것들은 오해라는 것도 알고 있을 것입니다. 저는 누구보다 교회를 깊이 사랑합니다. 우리 성도들이 가장 귀하고, 우리 성도들을 가장 많이 사랑합니다.

그러나 저는 섬김을 받는 것보다 헌신하는 것이 교회 전체적인 분위기가 되어야 한다고 생각합니다. 이것이 교회의 아름다운 전통이 되어야 합니다. 그래서 섬김의 방향은 외부입니다. 밖을 향한 사역들입니다. 만약 교회가 내부적으로만 집중하면 그 순간에 위로받고 행복할 순 있지만, 장기적으로 볼 때는 교회 발전에 유익이 되지 않는다고 보거든요.

김일환

맞습니다. 참으로 좋은 방향입니다. 그러나 그런 이상적인 방향 이면엔, 현실적인 목회적 돌봄을 직접적으로 원하는 성도들도 많을 것 같다는 생각도 해봅니다. 어떤 성도님들에게는 담임 목회자의 구체적인 관심과 사랑, 질타가 그리울 수도 있겠다는 생각도 한번 해 봅니다. 왜냐하면 목사님께서 이 모든 사역의 최종 책임자이기 때문입니다.

목사님이 너무 바쁘시면 오히려 성도들이 목사님께 깊게 다가가기 어렵거든요. 그런 측면에서 성도님들께 목회 일정을 어떻게 공유하시는지도 궁금합니다.

이신사

사실 그 부분이 저는 조금 서툽니다. 고민이기도 하고요. 저는 몇 가지 외부 일정 말고는 대부분 교회에 있기에 따로 공유하고 있는 것은 없습니다. 다행스럽게도 이 부분에서 성도들이 저에게 직접적으로 아쉬움을 표현한 경우는 아직 없었습니다. 하지만 조금은 있을 것도 같습니다.(웃음)

김일환

목사님 이번엔, 새로운 각도에서 질문해 보도록 하겠습니다. 이렇게 확실한 특성을 갖고 있는 교회엔, 오히려 새신자들이 부담스러울 수도 있지 않을까요? 새로운 사람이 들어올 때, 오히려 자신과 맞지 않다며 금방 떠날 수도 있지 않나 생각이 듭니다.

이신사

날카로운 질문입니다. 맞습니다. 있어요. 그런 부분이 확실히 있습니다. 남군산교회는, 가정 교회이기 때문에 들어오면 무조건 '목장'에 참여해야 합니다. 목장에 참여한다는 것은 목자의 케어를 받으며 따라야 하는 것을 의미하죠. 그런데 그걸 싫어하는 분들이 계시죠. 예전에는 그런 분들을 위해 목장에 편성이 되지 않도록 배려도 했었는데, 지금은 다 없앴습니다. 우리는 우리의 방향이 있는 거고, 원하면 같이 가고 원하지 않으면 **그분에게 맞는 교회로 가면 되니까요.**(단호한 눈빛)

김일환

그러면 실제로 목장에 편성되기를 원치 않았다고 떠난 분들도 계신 건가요?

이신사

그렇죠.

김일환

그럼 지금은 교회에 등록한 사람이라면 무조건 목장에 들어가야 하나요?

이신사

네. 활동을 하든 안 하든 무조건 목장 안에 들어가야 합니다.

김일환

와... 멋집니다! 사실 저희 교회도(우리가본교회) 포지션이 정확하고 색깔이 분명한데, 새로운 사람이 이런 부분을 받아들이지 못하면 쉽게 떠나갑니다. 그래서 가끔은 이런 사람들을 위한 대책이 있어야 하는 건가, 아니면 떠나게 두어야 하는 건가, 고민이 될 때가 있습니다. 그리고 혹시나 그냥 두었을 때, 교회 안의 혼란이 있는 건 아닌가 하는.... 개척교회의 고민이 있습니다. 혹시 목사님도 이런 생각들을 하셨겠지요?

이신사

아주 많은 고민들이 있었죠. 그러나 지금은 많은 부분에서 단호해지고 정리가 되었습니다. 새로 오신 분들 중에서, 성향이 안 맞아서 부담스러워 하시는 분도 있습니다. **다 그렇지는 않겠지만 그런 분들 중엔 적당히 신앙생활을 하고 싶어 하는 분들이 많습니다.** 적당히 출석하고, 터치 안 받고 예배당에 앉아만 있고 싶은 거죠. 물론 이런 목회 철학으로 인해서, **빠른 시간**에 많은 사람들을 끌어오지는 못할 수도 있겠지만 장기적으로 볼 때 적당한 성도가 아닌 헌신된 분들이 많은 건강한 교회를 세울 수 있다고 생각합니다.

홍정표

저희 교회에는 1년째 예배만 참석하고 가는 분이 계세요. 예배 시작하면 조용히 뒷자리에 와서 앉아 있는데, 목회자인 저랑 인사도 한 번 해본 적 없어요. 그런데 신년 예배 때 다같이 말씀 카드를 뽑았는데 그때 처음 예배 끝나고 남아 계시더라고요. 그런 모습을 보면서 한국교회를 다니는 개개인의 니즈가 다양할 수 있겠구나 생각했습니다.

김일환

어떤 책에서, 큰 교회일수록 시스템이 없다는 이야기를 책에서 읽었습니다. 건강한 교회라는 것은 신학과 사역이 철저한 조화를 이루죠. 그리고 지속적인 방향성을 가지게 됩니다.

그런데, 요즘의 큰 교회들일수록 그런 고민을 하지 않는다고, 신문에서 보았습니다. 단지, 많은 사람들을 받아들이는 것에만 최적화가 된 것이죠. 그래서 큰 교회일수록 사역을 하지 못하는 광장이 되어버린 것이죠. 현실이라고 하지만, 참 슬픈 현실입니다.

그런데 남군산교회는 특색을 갖춘 중대형교회로 떠오르는데요. 목사님께서는 앞으로도 교회를 이렇게 이어가실 건지 궁금합니다.

이신사

저는 이 시스템을 유지할 겁니다. 가정교회는 손해보다는 득이 되는 게 훨씬 많아요. 모든 교인들이 목장 안에서 사역자가 될 수 있고, 그 목장 안에서 삶을 나누며 상한 마음이 치유가 되거든요. 전도와 양육이 일어나고요. 이동원 목사님께서 지구촌교회가 목장교회로 전환한 이유를 말씀하셨는데 야구장에서 나오는 수많은 사람들의 모습이 꼭 지구촌교회 모습과 같더랍니다. 티켓비(현금) 내고 관람하고 나오고.. 그래서 목장시스템으로 바꾸셨는데 바꾼 후에 목사님이 보니까 당신의 설교를 듣고는 성도들이 변화가 안되는데 목장에만 가면 변화가 되더라고 말씀하셨습니다. 놀라운 영적 폭발력이 가정교회에 있습니다. 그리고 우리 목자 총무님들이 굉장히 헌신적으로 잘 섬기세요. 예를 들어 어떤 성도가 교통사고가 나면 가족보다 먼저 갑니다. 장례가 생기면 3일 동안 함께 있습니다. 명절이 되면 선물을 사서 나눠드립니다. 이런 일들이 굉장히 많고 여기에서 감동받는 분들이 참 많아요. 목회자보다 낫지 않나요?(웃음)

홍정표

목사님이 생각하실 때 교회 전체 인원 중에서 평신도 사역에 참여하는 성도의 퍼센트가 어느 정도라고 보세요?

이신사

정확한 통계적 수치는 아니지만, 90% 이상이라고 보시면 됩니다. 거의 대부분 다 참여한다고 보시면 됩니다. 목장 안에서도 일거리가 있으니 모든 사람이 사역할 수 있습니다.

김일환

그렇다면 목자를 뽑는 기준은 어떻게 되나요?

이신사

일단 주일 성수, 십일조는 기본이고 평소 신앙생활을 보고 담임 목사가 세우는데, 먼저 목장에서 목자와 총무님이 예비 목자와 총무를 추천하면, 담임목사가 임명하여 사역자로 세웁니다.

김일환

제가 열심 있는 평신도라면 교회 생활의 가장 큰 관심은 목자가 되는 것이라고 생각할 텐데요. 아까 이야기한 주일 성수와 교회 봉사에 대한 헌신적인 마음은 크지만 여건이 안 되어서 헌금이 약할 수 있잖아요.

이신사

헌금의 크기는 상대적인 거지요. 없어도 형편에 맞게 십일조는 드릴 수 있습니다.

김일환

십일조를 아예 못하면 안 되는 건가요?

이신사

수입이 있다면 반드시 해야 합니다. 사랑하면 가장 좋은 것을 주고 싶은데 그게 물질이 아닐 수가 없어요. 그래서 돈 액수를 떠나서 어려워도 십일조를 드릴 수 있는 게 성도의 기본 소양이라고 봅니다.

구약에서도 보면 신앙이 무너지면 두 가지가 먼저 무너지는데, 하나가 '안식일'이고 다른 하나가 '십일조'예요. 우리나라 교계에서도 지금 십일조를 '해야 한다', '하지 않아도 된다', 각자의 입장에서 해석합니다. 하지만 헌금을 하지 않는 건, 결국 마음이 많이 떠난 것입니다. 교회가 부흥할 때는 십일조 논쟁 자체가 나오지 않습니다. 교회도, 어느 단체도 더 헌신하는 사람이 리더가 되고 이끌어 가는 것입니다. 헌금도 안 하는 사람이 교회를 이끌어 가는 것은 아니라고 생각합니다. 웨슬리의 말처럼 '돈주머니가 회개해야 진짜 회개'가 아닐까요?'

홍정표

그렇다면 평신도 지도자를 세우는 양육 코스나 훈련 과정이 어떤 게 있으실까요?

이신사

성서대학, 크로스웨이(기초,구약,신약), 제자반, 어 성경이 읽어지네, 마더와이즈, 등등이 있습니다. 보통 수업이 새벽부터 진행되고 숙제도 많고 시험도 있어요. 3번 이상 결석한 자는 탈락입니다. 수료하기가 쉽지 않습니다.

김일환

헌금 얘기가 나와서 조금 연이어서 질문을 해보도록 하겠습니다.

삼학동은 누가 봐도 군산에서 가장 낙후되고 노후화된 지역 중 하나입니다. 그런데 남군산교회가 삼학동의 모든 사역을 감당하기 위해 성도들의 헌금 헌신도가 높아야 한다고 생각이 듭니다. 목사님이 생각하실 때도 헌금에 대한 헌신도가 높다고 느끼시는지요?

이신사

네, 높다고 생각합니다. 저희 교회가 성결 교단에서 1인당 헌금 액수가 1등이라고 들었어요.

김일환

와...... 이건 굉장히 신기하고 말도 안 되는 겁니다. 저는 군산을 조금 아는 입장이거든요. 삼학동에서, 이런 헌금이 나오는 것은 말도 안 됩니다.

이신사

진정 기적에 가까운 일이죠. 왜 그런가 생각해 보았습니다. 먼

저는, '하나님께서 복을 많이 주셨다고 생각합니다. 일단, 저희 교회 성도님들 중에 큰 부자는 한 명도 없습니다. 대신 아무것도 없는 분들이 저희 교회에 와서 복을 받고 일어나신 분들이 많이 있습니다. 복 주셔서 드릴 수 있게 된 것이지요. 특별히 저희 교회는 온전한 십일조를 드리는 분들이 많습니다. 십일조를 통하여 복 받은 간증들이 다들 있기 때문에 많은 분들이 온전한 십일조를 드리고 있습니다. 두 번째, 성도님들이 은혜를 받기 때문이라 생각합니다. 은혜가 없으면 헌신은 일어나지 않습니다. 특별히 물질은 더욱 그렇고요. 세 번째는, 들어온 교회의 재정을 선한 곳에 사용하고, 사용 내역을 투명하게 공개하기 때문에 헌금을 많이 하시는 것 같습니다. 분기별로 재정이 어떻게 쓰였는지 오픈하니, 성도님들도 마음껏 헌금할 수 있는 거죠. 마지막으로, 평신도들이 사역의 주체라는 점입니다. 그것이 더욱 큰 헌신을 이끌어 내는 것 같습니다.

교회가 도시를 사로잡을 때

김일환

이번엔 재정의 투명성에 대해서 여쭤보겠습니다. 교회에서 많은 사역을 하다 보면, 돈이 나가는 기관이 많을 텐데 그 모든 것들을 어떻게 관리하고 계신지 말씀해 주시면 좋을 것 같습니다.

이신사

저희 교회는 재정 시스템을 매우 투명하게 하고 있습니다. 헌금 계수하는 곳을 비롯하여 어디든 돈이 돌아가는 모든 곳에는 CCTV가 설치되어 있습니다. 그래서 미연에 사고를 방지합니다. 헌금 계수는 계수팀이 합니다. 또 그것을 기록하는 분들은 따로 있고요. 전체적인 수입 지출 관리는 재정부장 집사님이 하시고요. 지출할 때, 도장은 제가 찍습니다. 헌금을 가지고 은행을 다녀오시는 분들은 따로 있고요. 그리고 20만 원 이하의 지출은, 위원회에서 사역에 필요하다면 회의 없이 제

결제 받고 처리할 수 있습니다. 20만 원 이상 500만 원 미만의 지출은 각 위원회의 회의를 거쳐 처리하고 있고요. 500만 원 이상은 직원회를 거쳐야 합니다. 이 모든 것들이 영수증 하나까지도 서류로 기록되어 있기 때문에 굉장히 안전하고 투명합니다.

홍정표

얘기가 나와서 그러는데, 사역팀 중 일부는 전문성이 필요한 부분이 있잖아요. 재정이든, 사회 복지이든, 성경적인 부분이든지 간에, 더 전문적이어야 한다고 생각이 드실 때가 있나요?

이신사

있죠. 많습니다. 그래서 남군산교회에는 '연구사역위원회'가 있습니다. 이 '연구사역위원회'는 말 그대로 예년과 똑같이 사역하지 말고 계속 연구하라는 거죠. 이름 자체에 혁신적인 의미가 담겨 있습니다.

김일환

맞습니다. 단체로 있는 모든 영역의 숙제인 것 같습니다. 새롭게 연구하고, 시대에 대응하고, 규모에 맞게 최대한의 효과를 발휘해야 합니다.

홍정표

그렇다면 '연구사역위원회'와 '목장 소그룹' 두 가지가 충돌을 일으킨 적은 없나요?

이신사

연구사역위원회 사역과, 목장은 따로따로입니다. 그렇기에 충돌을 일으키지는 않죠. 오히려 목장에만 있으면 목장 식구들밖에 모르는데 평신도 연구사역위원회를 하면서 다른 성도들과 교제하니 성도님들이 더 좋아합니다.

김일환

네, 연이어서 질문을 드려보겠습니다. 교회 내부의 '운영위원회'란 어떤 시스템인지 설명해 주시겠어요?

이신사

운영위원회는 교회 운영의 전반적인 사안에 대해 결의하고 일을 처리하는 기관인데 안수집사님과 권사님 15-20명 정도로 구성되어 있습니다. 이 기구는 '직원회' 바로 밑에 있는 '최상위 의결 기관'이라고 할 수 있습니다. 남군산교회의 최종 결의는 '직원회' 선에서 정합니다.

그 외의 교회의 전반적인 중요한 사안은 '운영위원회'에서 회의를 한 뒤 결정합니다. 그 예로, 코로나 기간 동안 식사 여부를 정하는 간단한 것도 있고, 얼마 전에 정해진 군산

선교 역사박물관을 위해 1억 5천만 원을 후원했는데, 이 역시 운영위원회와 직원회에서 함께 결의한 내용입니다. 이 모임들은 정기적으로 모이지 않고 이렇게 필요한 사안이 있을 때 소집해서 결정을 내립니다.

김일환

그럼 목사님의 의견에 운영위원회가 반대한다면 목사님도 수긍하시나요?

이신사

본질적인 부분이 아닌 것에는, 당연히 수긍해야죠. 최근 군산 선교 역사박물관 후원 건으로 제가 먼저 1억을 제안했어요. 그런데 운영위원회에서 1억 5천만 원을 후원하자고 이야기를 했습니다. 참 좋은 기능이죠. 저를 반대해서, 더 크게 헌금하자고 했으니까요. 그래서 그대로 했습니다.

김일환

너무 좋네요. 그런데 운영위원회를 두는 게 오히려 목회적으로 스트레스와 피로감이 있지는 않으신지요?

이신사

당회처럼 매주 모이면 피곤할 수 있는데, 필요한 안건이 있을 때마다 담임 목사가 소집하기 때문에 괜찮습니다. 또 1년에

5회 미만 정도라 집중력도 좋습니다. 그리고 2년에 한 번씩 운영위원회 멤버가 바뀝니다.

김일환

목사님, 너무 좋습니다! 목장 시스템에 대해서도 여쭤보고 싶습니다. 57개의 가정 교회와 할아버지, 할머니 목장이 7개라고 들었는데 어떤 시스템인지 소개해 주시겠어요?

이신사

남군산교회는 이렇게 구성되어 있습니다. 가정교회는 부부, 솔로로 구성되어 있습니다. 그 안에 목자와 총무가 있고요. 목장 식구들은 6-12명 정도로 이루어져 있습니다. 목자의 역할은 목장 내에서 '목회자'의 역할을 감당하고 있습니다. 목자는 목장교회 목회자이기에 목장식구들 '돌잔치', '개업예배', 등도 인도하고 있습니다. 모임은 목요일부터 토요일까지 자유로운 시간에 모입니다. 먼저 저녁을 함께 먹습니다. 코밑이 열려야 마음 문이 열리잖아요.(웃음) 목자와 총무 가정에서는 밥과 국을 준비하고 나머지 목장 식구들은 반찬 한가지씩을 가지고 와서 식사합니다. 식사 후에 함께 찬양하고, 한 주간의 삶을 나눕니다. 아이스브레이크도 하고요. 그리고 주일 예배 설교 내용을 가지고 큐티를 나눕니다. 나눔 후에는 여러 가지 기도 제목을 가지고 통성으로 기도합니다. 그리고 목자가 목장식구들이 한 주간 승리할 수 있도록 뜨겁게 축복하며 파송기도를 해줍니다. 목장교회의 강점은 목장 안에서 모든 교인이 사역자가 될 수 있고, 나눔을 통한 상한 마음의 치유가 일어나고, 전도와 양육이 자연스럽게 효과적으로 일어난다는 것입니다.

김일환

또 하나의 '작은 가족 공동체' 같은 느낌이네요.

이신사

네, 맞습니다. 그래서 어떤 목장은 한 번 모이면 밤 12시가 되어도 집에 안 가는 목장들이 있어요.

김일환

'청년목장'은 가정에서 모이기 쉽지 않을 것 같은데 어떻게 하나요? 또 육아로 예민한 30-40대 분들은 어떻게 모임을 하나요?

이신사

청년목장은 주일에 교회에서 모입니다. 30-40대 분들은 가정에서 모임 하는 것을 버거워하시는 경우도 있습니다. 그래서 교육관을 지어서 소그룹 공간을 많이 만들려고 합니다. 그래서 3주 정도는 지금처럼 가정에서 교제하고, 한 주는 교회에서 약식으로 교제하는 방식으로 조금 축소시키려고 합니다. 여름 방학과 겨울 방학 개설도 염두에 두고 있습니다.

김일환

남군산교회는 확실히 평신도의 헌신도가 높은 교회잖아요. 그럼 청년들도 헌신을 많이 하는 편인가요?

이신사

네, 청년들도 헌신을 많이 합니다. 지방교회의 약점이 학생들이 청년이 되면 다 서울로 떠나는 것입니다. 그런데 우리 교회에는 수도권에서 학교를 다니고 직장을 다니는데도 매주 군산으로 내려와 찬양팀으로, 주일학교 교사로 섬기며 헌신하는 젊은이들이 많습니다. 너무 고맙죠. 그들을 생각할 때, 마음에 깊은 감격들이 있습니다.

김일환

대단하네요. 참 귀한 청년입니다. 그런데 이것도 비판적으로 질문해 볼 수 있을 것 같습니다. 평신도 사역이 확고한 시스템으로 자리 잡고 있어서, 혹시 그것을 깨는 비전을 제시할 수 없지 않나요?

이신사

우리 교회의 시스템은 확고하죠.(웃음) 그런데 상황에 따라서 목장 예배를, 식당 봉사 준비로 대체한다든가, 회식으로 대체한다든가, 하는 방식으로 유연하게 하고 있습니다. 목장 보고서 역시 그런 식으로 대체해서 작성하고요. 이게 군대처럼 보일 수 있지만, 그렇지 않습니다. 어떤 의미에서는 위아래가 없고(?) 가족 같습니다.(웃음) 우리에게 분명, '권위'는 있지만 '권위주의'는 없습니다.

김일환

굉장히 건강하고 좋은 시스템인 것 같아요.

이신사

탈권위주의 시대에 가장 좋은 시스템이 아닌가 생각하고 있습니다.

김일환

네, 그럼 이 파트의 마지막 질문을 해보겠습니다. 그럼 3명의 교역자는 무슨 일을 하나요?

이신사

하하하하.(웃음) 평신도 중심의 설명만 했으니, 교역자들은 놀고 있는 것처럼 보이겠네요. 그러나 그렇지 않습니다. 교역자들은 본연의 업무에 충실하며, 더욱 바쁩니다. 그것은 말씀을 전하는 역할입니다. 그 부분에 정말 충실하고 있습니다.

저희 교역자들의 메인 사역은 '유치부', '주일학교', '학생회', '청년부'입니다. 그리고 행정을 담당하여 현수막 제작, 영상

제작 등을 하고요. 제가 수시로 목회하다 필요한 게 있으면 요청드립니다. 그런데 원로목사님 때부터 저희는 부교역자들에게 교회 차량 운전은 안시킵니다. 대신 각 부서의 영적인 성장을 위해서 정말 최선을 다하도록 요구하고 있고 그렇게 해 주고 있습니다.

김일환

그러면 지금 교역자 3명이, 교육 부서를 다 맡아서 전적으로 진행하는 건가요?

이신사

네, 맞습니다. 부서사역에 필요한 것이라면, 부교역자들에게 공부도 할 수 있고, 책도 읽을 수 있는 시간도 충분히 배려해 주려고도 합니다. 제가 특별하게 잔소리를 하지 않는 편입니다.(웃음) 하지만 좋은 습관을 가지고 사역할 수 있도록 여러 부분으로 점검은 해 주고 있습니다.

홍정표

평신도 사역자들이 오히려 목회 사역자에게 요구하는 부분이 있을 수도 있겠네요.

이신사

거의 없습니다. 평신도들도 각자 맡은 사역에 대한 책임감과 자부심이 크기 때문에 스스로 해결하기를 원합니다. 일례로 사비로 위원회 위로의 밤을 개최하기도 하고 행사 시 만들기 어려운 소품들도 어떻게든 알아서 만들어 오십니다. '참 대단하다'는 생각을 할 때가 많습니다.

김일환

교회가 질서정연하게 이뤄나가는 부분에서 배울 점이 참 많습니다.

김일환

원로목사님을 뵙게 되어 영광입니다.(웃음) 원로목사님께서 어떻게 이렇게 사역을 진행하셨는지 궁금합니다. 그리고 남군산교회의 사역을 하시면서, '이루신 것'도 있지만 '잃어버리신 것'도 있으실 것 같아요. 그게 건강일 수도 있고, 가정일 수도 있고요.

원로목사님을 만나는 귀한 시간만큼 '도시선교론'의 핵심에 대해서 적나라한 질문들을 해보려고 합니다. 날카로운 질문들도, 사랑으로 받아주셨으면 합니다. 첫 번째 질문입니다. 남군산교회의 '도시선교론'은 어떻게 탄생하게 된 것인가요?

이종기

처음에 거창한 계획이 있었다기보다는, 지금 내가 있는 이 교

회부터 제대로 세웠으면 좋겠다 생각했습니다. 그래서 기도하고 예배 준비하고 심방했습니다. 처음에 날라리 같은 아이들 34명을 교육시키려고 했는데, 처음 시작하고 다음 주에 8명이 남았어요. 허허허(웃음)

남은 아이들을 데리고 토요일에 한 번씩 옛날 밥상 앞에 앉혀 놓고 교육한 게 '교회 학교의 시작'입니다. 거창한 신학도 없이, 이 교회를 세워야겠다는 마음이 첫 생각이었죠. 시간이 갈수록 조금씩 성장했는데, 첫 100명을 넘기기가 그렇게 힘들었습니다. 100명을 넘고 나서는 숫자가 금방 늘더라고요.

남군산교회의 '도시선교론'은, '보이는 것부터 시작한다'는 철학을 가집니다. 당시 저에게 가장 먼저 보였던 것이, '고아원'이었습니다. 어느 날 후배 전도사가 자신이 고아원에 후원하는 아이들을 만나러 간다는 말에, 저도 함께 시작하게 되었습니다. 저 역시 어머니를 12살에 여의고, 14살에 아버지도 돌아가시고, 형들 아래에서 자라서 고아의 아픔을 알았거든요.

그래서 한 달에 한 번 삼성 애육원 아이들 5명을 후원하는 것으로 시작했습니다.

그 아이들을 불러다가 식사도 하고, 추석과 성탄절에는 옷도 사주니, 애육원 원장님께서 하는 얘기가 다른 아이들이 너무 부러워한다는 거예요. 그러면 애육원에 있는 아이들을 다 해주자, 싶어서 60명 정도 되는 아이들을 불렀습니다. 그래서 삼겹살도 구워주고, 콜라도 박스째로 갖다가 먹게 했어요. 그렇게 점점 규모가 커지다가, 군산시 고아원마다 초청했는데, 집사님 한 분이 마음에 감동을 받아 식사를 대접했습니다. 그러면서 점점 성도들이 그 일을 담당하게 된 거예요. 그러니 어떤 거창한 계획을 세운 게 아니라 내 주위에 필요한 일이 있을 때 도우면서 시작된 겁니다.

삼학동 주민센터에서도, 자체적으로 배추 농사를 했지만, 부족한 김장비 300만 원만 도와달라고 해서 도와주었더니, 김장도 하고 쌀 50-60부대를 사서 전달식까지 했습니다. 그렇게 서,너번 했는데 점점 자원봉사자 수가 줄어서 우리 교회가 맡아서 하게 된 거예요. 그 후로 1년에 1500만 원 정도의 김장 사역을 맡고 있습니다.

홍정표

와....... 1500만 원으로 김장하는 거면 정말 많이 하는 것 아닙니까?

이종기

하하하.(웃음) 그런가요? 그런 걸 별로 크게 생각하지 않습니다. 단, 중요한 건 '고추', '마늘', '배추' 등등 김장 재료도 전부 제일 좋은 걸로 정성껏 준비했어요. 교회 김장이나, 집에서 하는 김장이나, 똑같은 걸로 하게 했습니다.

　어느 날은 삼학동 총무가 와서 차상위 계층이신 분이 갑자기 입원하셨는데, 수술비가 부족하다고 도와달라고 하시더라고요. 50만 원만 도와주면 좋겠다고 해서 도와드렸죠.

김일환

혹시 거절을 하신 적은 없나요?

이종기

저는 누가 도와달라고 하면 거절 안 합니다. 주민센터에도 필요한 거 있으면 다 얘기해달라고 합니다. 법적으로 안 되는 부분은 도와드리겠다 말씀드렸습니다. 7-8년 전인데, 삼학동장이 네이버에 '남군산교회의 삼학동을 향한 14가지 사역'에 관한 글을 작성했어요. 그런데, 그 글이 실시간 검색어 1위가 됐어요. 정부에서 못해주는 것을, 우리가 책임지는 거예요. 그런 사역 아이템을 나만 내는 게 아니라, 평신도 분들도 함께 냅니다. 답사까지 직접적으로 관여하고요. 평소에도 평신도들이 삼학동 이곳저곳을 둘러보면서 도움이 필요한 사람들을 챙깁니다. 별 걸 다 했어요. 집도 통째로 고쳐주고, 보일러도 놔주고, 화재가 난 집에 300만 원을 지원해 주기도 하고요. 사역의 범위가 점점 넓어지니, 감사할 따름입니다. 우리가 군산 전체는 책임지지 못해도, 삼학동 하나는 우리가 책임질 수 있겠다 생각이 들더라고요.

김일환

참 좋습니다. 요즘 중대형교회의 좋은 '대안적 모델'이 될 수 있는 것 같아요.

이종기

우리는 모델이 되려고 준비한 적은 없습니다. 다만 우리는, 주님이 보여주신 것만큼만 따라가는 것입니다. 모든 교회가 그 정도만 해도, 한국교회가 많이 변할 것 같습니다.

마찬가지로 마트 한 번도 가보지 못한 노인분들을 모시고, 추석에 장보기 행사를 했는데 어르신들이 너무나 행복해하는 거예요. 이 행사를 진행하면서 집사님들이 일일이 조사를 했더라고요. 이 분은 가난한 것 같지만 현금 보유가 얼마나 있다, 하면서 사람들을 걸러 냈죠. 그 작업도 보통이 아니에요. 허허허(웃음)

그리고 선교사 파송은 어떻게 시작했냐 하면, 한 번은 어느 집사님이 식사 대접한다고 해서 갔더니, 500만 원이든 봉투를 개인적으로 사용하라고 주시더라고요. 마침 잘 됐다 싶어서, 이 돈을 선교사 파송비로 사용하자고 권면하여 선교사를 파송하기 시작했습니다. 그게 남군산교회의 '선교사 파송의 시작'입니다.

김일환

목사님의 몇 마디에도 많은 영성이 느껴집니다. 목사님, 여기서 질문을 드려보고 싶은데요. 당시에 '500만 원'이라는 돈은 엄청 큰 액수잖아요. 인간적인 마음으로 목사님이 편하게 쓰시고 싶은 생각도 들지 않으셨나요?

이종기

저는 그런 걸 잘 안 받아요.

김일환

그래요? 목회자도 사람인지라, 자기 주머니에 '100만 원' 있을 때와 '500만 원' 있을 때 안정감이 다른데, 어떻게 그런 마음이 자연스럽게 든 걸까요?

이종기

저는 신학교 다닐 시절에 밥을 많이 굶었어요. 어느 날, 이신사 목사가 신학교에 간다고 말했을 때, 신학대학에 왜 가고 싶냐고 물어봤어요. 그랬더니 초등학교 2학년 때 그 생각이 들었다는 거예요. 그래서 '그러면 가라, 그런데 내가 딱 한 가지만 부탁한다.' 했어요. 네가 공부 잘하든 못하든 아무 상관 없는데, 주변에 밥 굶는 사람 있으면 네가 밥값을 내라 했어요. 그랬더니 성실하게 이행하더라고요. 허허허허(웃음)

제가 신학교 다닐 때 참 힘들었습니다. 그래서 하나님께 '밥이라도 먹여주시지 쫄쫄 굶게 하십니까', 하고 몇 달을 기도했습니다. 그러던 중 하루는 옥상에서 기도하는데 하나님이 '하늘을 보라'고 하시더라고요. 올려다봤더니 '뭐가 보이냐', 하셔서 '참새 떼가 보입니다.' 했습니다. 그때, '저 새들은 누가 먹이냐' 하셔서 '하나님이 먹이십니다.' 했죠. 그랬더니, 이런 말씀을 하십니다. '그럼 너는 누가 먹이냐?'

그때 제가 충격을 받았습니다. 제가 마태복음 6장을 한, 두 번 읽은 것도 아닌데, 이렇게 그 말씀이 와닿은 적이 없습니다. 하나님께서 나를 먹이신다는 사실이 정말 크게 느껴졌습니다. 그리고 옥상에서 내려왔는데, 학교 광고 게시판에 우리 집에서 보내준 등기우편 광고가 붙어 있더라고요. 그래서 봤더니, 예수도 안 믿는 우리 형이 밥값 만 원과 함께 편지를 써준 거예요. '앞으로 졸업할 때까지 내가 밥값을 보내주마.' 하고요. 참 감사했습니다. 그리고 그 뒤로 밥을 굶어본 적이 없어요. 그러니까 모든 게 하나님이 공급원이라는 사실을, 제가 철저하게 깨달았어요.

개척교회를 하다 보면 금전적 여유가 없어요. 그럴 때, 항상 우리 집 돈으로 메꾸었습니다. 그래서 당시에 우리 아이들은 학원 한번 가지 못했지만, 결국 하나님이 다 책임져 주셨습니다. 놀라운 하나님의 은혜입니다.

다시 선교 이야기로 돌아갑니다. 그렇게 한 사람의 후원비를 통해 선교사 파송을 하니, 그걸 보고 다른 사람이 또 하고, 계속하더라고요. 그렇게 시작한 것이 지금은 36명이 훌쩍 넘었습니다. 우리는 누가 후원비를 내면, 바로 선교사를 보냅니다. 이 모든 것이 어떤 신학에 의해 움직인 게 아니라, 현실에서 하나님이 제게 감동을 주실 때마다 그렇게 진행한 겁니다.

근대 복음주의의 특징이 '체험주의'입니다. '체험주의'가 무엇입니까? 생활 속에서 예수님의 역사를 체험하고 동행하는 것입니다. 우리 예수님이 2천 년 된 예수님이 아니라, 부활하시고 지금도 살아계셔서, 성령을 통해서 신자의 삶으로 동행하는 체험입니다. 그걸 우리는 더욱 강조해야 합니다. 현대 교회는 더욱 강조해야 합니다.

김일환

와.... 목사님 대단하십니다. 그런데 혹시 사역에 있어서 '실패'하신 것은 없으신가요?

이종기

실패투성이입니다. 저는 제자훈련도 12번을 실패했어요.

김일환

네?! 제자훈련을 12번 실패하셨다고요? 실패했다는 기준은 무엇인가요?

이종기

허허(웃음) 실패가 뭐 특별한 기준이 있나요? 완주하지 못했으면 실패죠. 사람들이 안 와서 끝까지 못한 거예요. 12번을 실패하고 13번째 마지막 도전을 했는데 그때 6명을 겨우 졸업시킨 겁니다. 우리 집사람까지 포함해서 1기로 졸업시켰고, 지금은 26기까지 왔습니다.

김일환

목사님의 그 덤덤한 이야기가, 참 울림을 줍니다. 우리는 실패에 너무 큰 비중을 둔 것은 아닌지, 생각해 보게 됩니다. 혹시 목사님! 아주 이상한 질문이지만, 목사님은 평생 목회만 하신 건가요? 교단 정치나, 지방회 활동은 안 하신 건가요?

이종기

네. 그렇습니다. '제자훈련'과 '크로스웨이' 사역 훈련을 하다 보면 너무 바빠서 사람 만날 시간도 없어요. 지방회에서 어디 놀러 간다고 해도 한 번도 가본 적 없어요. 심지어 군산시 교회 연합회 회장을 하라고 해도 못했습니다. 그런데 안 하고 포기하니 하나님이 2배로 부흥시켜주시더라고요. 서재에서 머리 좋은 사람들끼리 맞대서 나온 신학도 있겠지만 삶 속에서 부딪히는 것도 신학이거든요. 바울도 서재에 갇힌 학자가 아니잖아요. 로마서도 서재에서 쓴 게 아니고요. 오늘날 교회가 이렇게 힘이 없어진 것은 너무나 많은 이론과 말이 있어서 시끄럽기 때문입니다.

김일환

젊은 목회자에게 더 큰 울림이 되고 좋은 통찰력이 되는 것 같
습니다. 저희는 배움이 부족해서 일을 하지 못한다고 생각하
거든요. 보지 못했기에 하지 못한다고 생각하는데, 이신사 목
사님의 목회 철학도 '지금 내 주변부터 돕는 것'이라고 말씀해
주시더라고요. 작은 교회도 사회에 참여해서 누군가를 도울
수 있고 선교도 할 수 있는데, 많은 교회가 배우지 못했다는
이유로 주저하고 있거든요. 이런 이야기가 굉장한 도전이 됩
니다.

이종기

릭 워렌 목사님이 이런 말을 했습니다. '사회봉사', '마약 퇴
치', '청소년 사역'을 하려면 교인이 500명이 넘어야 한다고
했습니다. 그 이하로는 인력도, 물질적으로도 모자란다고요.
500명 이상 넘을 때 사회봉사가 시작된다고 얘기했습니다. 저
는 동의합니다. 본격적으로 하려면, 이 정도의 자원이 필요합
니다. 물론, 지금 내 주변부터 바라보고, 그만큼 도와야 하는
것도 중요합니다. 그러나 아름답고 멋진 사역들을 준비하기
위해선, 교회를 성장시켜야 합니다.

김일환

너무 귀한 말씀입니다. 이런 대담을 할 수 있어 저에게 큰 도전이 됩니다. 목사님, 그럼 한 번 더 여쭤보고 싶은 게 있는데요. 그럼 삼학동에서 이렇게 '사랑의 실험'을 하는 이유도 지금 내 주변에 있기 때문이잖아요? 또 하나님께서 감동을 주셨기 때문이잖아요? 그럼 이것을 통해서 도달하고자 하는 목적성이 있거나, 이걸 통해서 얻고자 하는 성과가 있으신지요?

이종기

우리가 이렇게 도우면서 한 번도 그들에게 '예수 믿으라'고 한 적 없습니다. 더 나아가 우리의 도움을 받은 사람들이, 실제로 교회에 나온 수는 굉장히 적어요. 거기에 목적이 없습니다. 거기에 목적이 있으면 사역을 못하죠.

어느 날 군산시청에 근무하시는 모 장로님이 '삼학동 경로잔치 한 번 해주십시오', 하시더라고요. 그러면서 '식사'와 '기념품' 한 가지 준비하시면 된다고 하시더라고요. 그래서 알겠다고 했는데, 첫 번째 경로잔치에 300명이 오셨더라고요. 저희는 한 번 시작하면 계속합니다. 그렇기 때문에 다음 해, 그다음 해도 경로잔치를 열었어요. 그 수가 이제 1500명까지 됐어요. 이것도 어떤 원리를 따라 한 게 아니라 예수님이 사역하신 것처럼 주변에 있는 것들을 도운 겁니다. 그런데 이게 간단한 게 아니에요. 예수님도 이스라엘 전체를 한 번에 케어하진 못하셨어요. 가는 곳에 병자가 찾아오면 고쳐주고 그랬잖아요. 하용조 목사님이나 옥한흠 목사님 이야기를 들으면서, 두 가지의 교회론을 다시 공부했습니다. 정리하자면 다음과 같습니다. 교회는 구약에서는 하나님의 백성, 신약에서는 그리스도의 몸인데 교회가 '주님의 몸'이라면, 주님이 육신을 입고 와서 하신 일을 그대로 따라 하면 되지요. 그 이상 이론이 필요 없습니다.

우리 교회에서 성령에 대한 임재를 강조하는 행사가 '가족 수련회'입니다. 처음에는 29명으로 시작해서, 많이 올 때는 850명까지 왔거든요. 가족 수련회 때 '당신들은 예수님을 만났냐고, 당신들은 하나님을 만나본 적 있냐?'라고, 직설적으로 물어봅니다. 그런데, 물어보면 다들 손을 못 들어요. 왜 그럴까요? 그건 예배에 대한 감격이 부족해서 그런 것이 아닙니다. 그건 '삼위일체에 대한 이론'이 정리가 안 된 거예요. '성부', '성자', '성령'은 '영광'과 '권세'와 '존귀'와 '능력'이 다 똑같습니다. '성령'을 체험하면 '삼위일체 하나님'을 만난 것과 같거든요. 그런데 모두 예수님을 하늘에만 계신 걸로 생각을 하는 거예요. 하늘에 계심과 동시에 성령을 통하여 영으로 우리와 함께 하신다는 사실을, 교회가 얘기를 안 해주는 거예요. 그래서 그것을 이해시키고 3박 4일 동안 집중적으로 기도하고, 찬양하고, 말씀 듣고, 큐티하고 합니다. 그러면 그때 80%가 성령님을 경험합니다. 그럼 신앙이 어떻게 될까요?! 아주 많이 자라납니다. 이런 표현이 조금 그렇지만, 우리 교단에서 우리 교회가 1인당 헌금률이 1등이에요. 성령을 받지 않으면, 할 수 없는 것입니다. 그런데 우리 교인들 중에 부자는 없습니다.

김일환

그게 굉장히 신기한 현상이라고 생각했습니다. 삼학동에서 이런 일이 가능이나 할까요?!

이종기

우리 교회에 의사는 둘 밖에 없어요. 사업하시는 분들도 가내 수공업 정도이고요.

김일환

그런데도 하나님이 이렇게 많이 부어주신다는 게 너무 신기합니다.

이종기

작년에는 코로나 때 예배 참석자가 적었음에도 1년 헌금 결산을 총 22억을 했습니다. 1인당 거의 500만 원을 한 거예요. 제가 평신도 사역을 하면서 느낀 것이 있습니다. 그건, 헌금이 증가한다는 겁니다. 왜냐하면 그들이 직접 사역에 뛰어들기 때문이에요.

김일환

땅 한 평 없는 교회에서, 지금 이렇게까지 성장한 것도 상당히 인상 깊은 포인트인 것 같습니다. 보통 교회는 2대, 3대, 4대에 걸쳐서 장성해지는 법인데, 참으로 신기합니다. 그래서 또 너무 도전이 됩니다.

이종기

교회가 성장한 건 제가 53살 때인데 그때 장년 예배 인원이 200명이 못 되었어요. 제가 새벽기도 시간에 하나님께 질문을 드렸어요. '제가 너무나 부족해서 장년 200명이 안 되는 것을 알지만, 그래도 제 평생에 장년 200명이 모여 예배드려 하나님께 영광 돌리고 싶은데 허락 좀 해주세요.' 그랬더니, 하나님께서 '너는 무슨 목회를 하고 싶냐?' 하고 대답하시더라고요.

저는 하나님의 그 대답이 충격적이었습니다. 저는 지금까지 입에서 단내가 나도록 열심히 일한다고 했는데, 충격을 받았습니다. 그래서 집에 와서 내가 하고 싶은 목회를 A4용지에 써 봤어요. 그때 마침 릭 워렌의 '새들백교회 이야기(디모데/1996)'를 읽고 있었는데 그 책에서 교회 목적문을 만들라고 하더라고요. 그래서 교회 사명인 '예배', '선교', '교육', '친교', '봉사'와 그 다음으로 내가 평소에 강조한 아브라함의 복 '성령의 사역' '중보기도 사역', '상한 마음 치유', '행복한 삶'을 묶어서 교회 목적문을 정리했습니다.

'우리는 성령의 인도로 기도하는 중에
상한 사람을 그리스도에게 인도하여 그의 가족이 되게 하고,
그들이 아브라함의 복을 받아 행복한 삶을 누리게 하며,

제자훈련을 통하여 그들이 성숙한 사역자가 되게 하고,

세상에서 선교하도록 준비시킴으로써

하나님을 찬미하며 예배하게 한다'

이게 우리 교회의 목적문입니다. 목적문 선포식도 하고, 그 이후에 2030 비전문을 작성해 선포식을 했습니다. 그리고 2주 후에 장년 200명이 예배드렸어요. 처음 200명이 넘게 온 날, 저와 아내가 집에 가서 펑펑 울었어요. 다음 주에는 안 오겠지 했는데 계속 200명 이상 예배드렸어요. 어찌 왔냐고 물으니, 소문 듣고 왔다는 거예요. 그래서 저의 목회 36년 동안 제일 부흥이 많이 되었던 시기가, 제 나이 60대입니다.

김일환

너무 귀감이 되는 내용입니다. 정말 신선한 내용입니다. 53세에 200명이 부흥됐다는 이야기도 흥미로운데, 목사님 나이 60대에 최전성기를 이루셨다는 게 충격적입니다. 보통 60대면 목회를 정리하는 시기잖아요.

이종기

60대가 되면 목표를 세우기보다, 적당히 마무리를 잘 해야겠다는 생각이 드는 나이긴 합니다. 어느 날 새벽 기도 중에 이런 생각이 들었습니다. '대통령은 임기가 5년이지만, 별일을 다 하는데, 지금 61살인 나는 앞으로 남은 9년 동안 별거 다 할 수 있겠다' 그러니 하나님이 주신 마음에 있는 소원들을 다 해보자는 생각이 들었습니다.

김일환

목사님 설교집 '아브라함의 복'처럼 정말 아브라함의 복을 닮으신 거네요.

이종기

60대에도 사역자 교육을 엄청 시켰어요. 그런 것에 비해서 교단 총회에서도, 항존 부서 소위원도 한 번은 못해봤지만요.

김일환

교회가 부흥이 되면, 교단 정치의 기회도 열렸을 텐데, 그런 기회를 거절하신 건가요?

이종기

허허. 그렇죠. 그런 곳 나가면 평신도 사역을 못하니까요.

김일환

그럼 그런 기회가 있을 때도 일부러 다 거절하셨던 건가요?

이종기

전부 거절했죠. 교단 정치는 저 아니어도 할 사람 많습니다. 저는 할 시간도 없고요. 거기 왔다 갔다 하면 교인은 못 돌봅니다. 평신도 사역은 그냥 돌아가는 게 아니에요. 모든 '평신도들의 주일 예배의 경험'과 '평신도 사역자 교육' 이렇게 두 가지가 필요합니다. 그게 없으면 돌아가지 않아요.

김일환

어제 이신사 목사님에게도 비슷한 질문을 드렸었는데, 날카로운 질문 드려봅니다. 이런 것을 비판적인 시선으로 봤을 때는, '평신도 사역'에는 평신도가 지칠 수도 있습니다. 그렇죠? 혹시 원로 목사님께서는 이 부분에 대해 어떤 생각을 하고 계신지 궁금합니다.

이종기

허허. 날카로운 질문이네요. 많은 사역 속에 평신도들이 지치죠. 그런데 그때마다 하나님께서 은혜도 부어주시고 영적 에너지도 부어주십니다. 우리는 그런 영적인 원리 또한 신뢰해야 합니다.

저는 다음과 같이 이야기를 합니다. '한 사람이 하나, 두 개만 사역'을 하라고 합니다. 시간과 에너지가 된다고 다 하지 말라고 해요. 그중에서 목자, 총무 사역이 1순위입니다.

김일환

혹시 소그룹 리더 교육은 어떻게 하셨나요?

이종기

보통 주일 오후에 하고, 평일에도 진행했습니다. 목장 사역을 하기 전에 소그룹 리더를 세운 후 1-2년간 훈련시킨 뒤, 주일 공동식사 후에 주일 말씀으로 큐티를 시켰어요. 성도들 반응이 너무 좋더라고요. 그런데 소그룹 장소가 협소해서 고민하다 목장 사역으로 바꾸었습니다. 목자의 가정에서 함께 식사하면서 진행하다 보니, 목장사역에 지친 사람도 있는데, 대부분은 너무 좋아했습니다. 항상 그렇잖아요. 다 성공하는 건 아니에요. 3분의 1은 괜찮고, 3분의 1은 중간 정도 하고, 3분의 1은 모자라더라고요. 그런데 분위기가 형성되고, 목장이 잘되니, 주일 오후 예배 출석률도 좋아졌어요.

김일환

너무 좋은 말씀입니다.

홍정표

코로나 기간 동안 '신앙의 성숙'을 경험한 집단의 수치의 통계를 보니 굉장히 재밌더라고요. 현장 예배를 나온 사람보다, 예배를 참여하지 않고 소그룹을 참여한 사람이 더 높았습니다. 그리고 교회의 소속감을 느끼는 수치 역시, 무조건 '소그룹 참여한 집단'이 가장 높았습니다. 신기한 건 20대, 30대들이 좋은 교회의 기준에서 소그룹을 높게 평가한다고 하더라고요. 과거 기성세대는 목사님이 좋아야 좋은 교회라고 생각했잖아요.

그런 것들이 바뀌는 추세입니다. 특히 MZ세대로 가면서 소그룹에서 삶을 깊이 나누고 함께 봉사할 수 있는 교회가 좋은 교회라는 기준으로 보고 있어요.

남군산교회가 코로나 기간에도 재정적으로나 신앙적으로나 탄탄하게 있을 수 있었던 이유가 소그룹이 잘 세워져서가 아닌가 하는 생각이 드네요.

이종기

평신도 사역을 흉내 내는 건 몇 번은 할 수 있어요. 그런데 10년, 20년은 못해요. 하나님 임재를 경험하는 예배에서 에너지를 공급받아야 움직여요. 그래서 주일 예배 경험이 있어야 한다는 겁니다.

김일환

목사님께서는 53세 이후에 하나님께서 부어주셨다고 하셨는데, 그렇다면 그 이전에는 교회 부흥을 위해 어떻게 노력을 하셨나요?

이종기

이전에도 열심히 했죠. 아까도 말했지만, 제자훈련이 실패하든 성공하든 열심히 했죠.

김일환

평신도들이 잘 따라왔기 때문에 잘 진행이 되었겠죠?

이종기

그렇습니다. 충성하는 평신도들이 많았습니다.

김일환

그럼 조금 더 재밌는 걸 여쭤보고 싶어요. 또 날카로운 질문이 기도 합니다. 목사님은 처음부터 교회에 '장로'를 안 세우시려고 하신 건지, 아니면 혹시 다른 계기가 있으셨는지요?

이종기

저는 장로를 세우고 싶었고, 기준도 세웠어요. 성서대학을 졸업하고, 크로스 사역을 하고, 가장 중요한 건 마음이었는데요. 교회가 항상 좋을 때만 있는 게 아니라 어려울 때도 있습니다. 그런데 그때 자기 자신을 희생할 수 있느냐로 테스트를 계속했어요. 첫 번째 장로로 이 사람을 세울 수 있느냐 없느냐 시험하다 어렵겠다 생각이 들었고, 그러다 보니 못 세웠습니다.

김일환

그렇다면 계획이 없었던 것이 아니라, 인물이 없었다고 말할 수 있을까요?

이종기

네, 그런 그릇들이 없었죠. 저의 기준에서 이런 말을 해보고 싶습니다. 보통 교회 문제가 있을 때 목사님이 가장 먼저 자기의 것을 포기하고 교회의 것으로 환원시키잖아요. 적어도 저는 평생을 이 교회에서 그렇게 살았습니다. 그렇기 때문에 장로에 대한 기준이 높을 수밖에 없는 것 같아요. 모든 성도들이 우리 교회를 사랑하지만, 저의 평생에 이런 관점에서 인상 깊은 인물은 없었습니다. 장로가 있는 교회는 장로가 재정, 정치, 인사 등 전권을 다 쥐고 있거든요. 즉, 교회의 수준은 장로가 기준이 되는 것입니다. 그래서 생각해 보아야 할 부분이 많이 있습니다.

지금 세대는 장로 없이 평신도 전체가 나서는 조직을 원하고 있어요. 우리 교회는 그런 시대의 요구에 맞게 준비되고 있습니다. 우리 교회는 지난주에 등록을 한 사람이라고 해도, 주보를 나눠주는 목장 안내위원이 될 수 있습니다. 모두가 일꾼이 될 수 있는 것이 우리 교회의 장점인 것 같아요.

김일환

아무리 그래도 평신도 사이에서도 장로를 희망하는 분들도 계실 것 같은데요.

이종기

지금까지 많았죠. 그래서 지금도 있겠죠. 그러나 선명한 기준도 있습니다. 아무리 헌금을 많이 해도 '성서대학'이나 '크로스웨이', 목장을 안 하면 안수 집사, 권사를 못합니다. 안수 집사, 권사 할 때도, 1년 동안 평가를 매깁니다. 평균 70점 이하는 낙제하고요. 자기가 사인하고 들어왔으니 그렇게 잘려도 아무도 이의 제기를 안 해요. 리더를 세울 때는 자격을 강화할수록 좋아요.

김일환

목사님이 생각하실 때는 10년 뒤 한국교회 생태계는 어떨지 여쭤보고 싶고요. 오늘날 30대-40대가 목회하는 현장에서 무엇을 준비해야 하는지 여쭤보고 싶습니다.

이종기

지금이 2023년이죠? 제가 젊은 날, 우연히 책방에 가서 '2000년의 미래교회'에 관한 책을 읽었어요. 그런데 그 책에 나와 있는 그대로 지금 되었더라고요. 미래 사회학자들이 말하는 21세기 교회가 살아남는 방법은 '영성', '평신도 사역', '소그룹'이라고 했습니다. 이 세 가지가 없는 곳은 무너진다더라고요. 저는 그때부터 21세기를 준비하기 시작했습니다. 평신도를 준비했고, 소그룹을 준비했고, 예배의 역동성, 성령을 강조했습니다.

김일환

그럼 앞으로도 그렇게 될 거라고 생각하시나요?

이종기

앞으로는 더 변할 것입니다. 지금 체제로는, 앞으로의 것들이 감당이 안 됩니다.

김일환

그럼 앞으로 무엇을 어떻게 준비해야 할까요?

이종기

저는 '성령과 영성'의 시대가 올 것이라고 생각합니다. 그리스도인 개인에게 영성이 있어야 하고, 교회는 성령의 역사가 있어야 합니다. 미래 학자들이 2050년이 되면 기독교인 3명 중 1명은 오순절 계통이 될 것이라고 이야기합니다. '웨슬리안 성령운동'과 '순복음'은 성령을 강조합니다. 그래서 성결교와 순복음은, '성령과 영성'에 대해서, 다른 교단보다 뛰어난 감각을 가지고 있죠. 그래서 우리는 더욱 이 사역들을 강조해야 하지 않나 생각이 듭니다. 그리고 시대에 맞는 평신도 사역도 준비해야 합니다.

김일환

시대에 맞는 평신도 사역의 준비란 무엇인가요?

이종기

교회에 들어오면 100명이 모였건, 1000명이 모였건, 사람과 사람 사이의 관계는 한정적일 수밖에 없어요. 우리 모두는 대중 속에 있으면서도 끈끈한 관계를 원하는 거예요. 그런데 그건 어떻게 이루어집니까? 소그룹에서 같이 밥 먹고, 수다 떨고, 통성으로 기도할 때 이뤄집니다. 지금 교인들이 어정쩡하게 있다가는 다 무너집니다.

　　제가 어떤 단체의 세미나의 강사로 갔습니다. 그래서 목사님들한테 소그룹을 인도하라고 시켰는데 못해요. 소그룹 인도는, 가르치는 게 아니라 '어떻게 생각을 했냐?', '무엇을 느꼈냐?' 얘기하는 게 중요하거든요. 예를 들어 봅니다. 만약 '예수님이 어디에서 탄생했냐'라고 질문 하면 정답은 '베들레헴' 하나입니다. 그런데 '예수님이 탄생에 대해서 당신은 무엇을 느끼는가?' 라고 하면 정답은 100가지 답이 나올 수 있어요. 그런 리더 훈련이 필요해요. 이 시대는 '정확한 질문'과 '정확한 정답'을 원하는 것이 아닙니다. 이 시대는 '다양한 감정'과 '솔직한 감각'을 원합니다. 그리고 평신도 리더들은, 그런 대화를 이끌어 내고, 공감하면서, 성경의 대답을 직면하도록 도와야 합니다.

김일환

깊이 새겨들을 이야기라고 생각합니다. 너무 귀한 내용 감사합니다.

홍정표

목사님 저는 앞서 말씀하셨던 '가족 수련회'에 대해 더 여쭤보고 싶은데요. 가족 수련회를 어떻게 기획하게 되셨는지, 그리고 깊이를 더해가는 포인트가 있었는지 궁금합니다.

이종기

처음에는 학생들을 데려갔는데, 그 아이들이 스스로 밥을 해 먹었어요. 그러다 집사님 몇 분이 간식을 사오면서 집회에 참석했다가 은혜를 받은 거예요. 그러니까 가족끼리 한 번 다 같이 수련회에 모이면 어떻겠냐고 요청이 왔어요. 신앙도 없는 남편을 억지로 끌고 왔는데, 성령을 만난 거죠. 그러니 다음 가족 수련회가 기다려지는 겁니다. 프로그램이라고 해봐야 별 것 없습니다. 아무리 좋아도 수영장, 스키장만큼 안 좋아요. 허허허(웃음)

김일환

그럼 '가족수련회'에서는 뭘 하나요?

이종기

단순합니다. '새벽', '낮,' '밤' 마다 집회를 합니다. 오후에는 자유 시간을 가지고요.

홍정표

그동안 수련회는 젊은 세대의 전유물이었는데, 전 세대가 같이 참여하면서 은혜 받을 수 있는 공간이 확대된 거네요.

이종기

'공간의 확대'라는 표현이 좋네요. 맞습니다. 우리 교회는 이런 지점에 힘이 있습니다. 은혜를 받는 공간을 확대합니다. 가족 수련회도 200명 넘기가 정말 힘들었어요. 몇 년을 150명, 170명으로 헛바퀴를 돌더라고요. 그러다가 200명을 한 번 넘긴 적이 있는데, 그다음에는 300명 넘게 왔어요. 그런데 300명이 왔을 때, 이건 어마어마하게 많이 온 것 같았어요. 나중에 500명이 참석하게 되니 장소 구하기가 어려워졌어요. 그래서 장수 우석대학교 수련원에서 300명씩 나눠서 집회했죠.

김일환

그럼 집회하고 나서 저녁에는 가족끼리 시간을 가지나요?

이종기

집회를 2시간 정도 진행한 후, 바로 소그룹 모임 Q.T를 하고 나면, 밤 11시가 됩니다.

김일환

성도님들도 힘들겠지만, 목사님이 제일 힘드시겠어요.

이종기

힘들죠. 매년 그것만 하는 게 아니라, 우리는 특새도 두 번 합니다. 아마 우리는 다른 목사님들보다 목회를 반년 더 하는 것 같아요.

김일환

목사님 존경의 마음이 우러나옵니다! 좋은 말씀들 감사합니다.

김일환

안녕하세요. 박명수 교수님. 이렇게 자리에 함께 해주셔서 감사합니다. 전라도 군산까지 오셨는데, 힘드신 여정은 없으셨는지요? 남군산교회에서 어렵게 교수님을 모셨는데요. 교수님께도 편하게 질문을 드려보고 싶습니다. 교회사와 역사를 가르치는 학자로서, 전문가로서 '남군산교회'는 어떤 교회인가요?

박명수

언론에서는 남군산교회의 사회봉사에 대해 많이 얘기하는데, 제가 생각했을 때 남군산교회의 핵심은 '간증집'이라고 생각합니다.

김일환

간증집이 무엇인가요?

박명수

교회에서 생활하면서 내 삶 가운데 하나님을 만난 얘기를 모은 거예요. 우리가 착각하는 것이 있습니다. 교회에서 사회봉사한다고 사람들이 몰려오는 게 아니에요. 오히려 자기가 가지고 있는 고민, 문제가 믿음으로 해결되고 그런 것 때문에 오는 것입니다.

남군산교회의 사회봉사는 교회의 핵심과 함께 가는 보조 스텝입니다. 원로목사님이 말씀하시는 '아브라함의 복'은 옛날 구약 시대에만 받는 게 아니라 지금도 받는 것입니다. 그렇게 성도들이 오늘의 삶 가운데 축복을 경험한 것들을, 주일 오후 예배 시간 때마다 간증하는 거예요.

김일환

간증은 성도들이 주일 오후 예배에 나와서 하는 건가요?

이신사

헌신 예배를 드릴 때 목장에서 한 사람씩 나와서 합니다.

박명수

요즘 사람들은 인간의 문제를 '절대자', '하나님'이 해결해줄 수 있다고 하는 믿음이 없습니다. 그러나 남군산교회의 간증엔, 하나님을 향한 믿음이 가득하죠. 그래서 좋은 소문이 나기에, 많은 성도들이 모이는 것입니다. 더 나아가 성경에 있는 이야기가 내 삶 가운데 일어나면 폭발력이 있고요. 또 목사님의 설교를 듣고 성도들이 어떤 방향으로 드라이브 하는가가 가장 중요합니다.

김일환

네, 감사합니다. 그런데 남군산교회의 '도시선교'에 대한 관점에서, 평가를 해주실 부분은 없을까요?

박명수

도시선교도 미국에서 19세기 말 후반에 도시 문제를 해결하기 위해 성결 운동이 일어난 건데요. '사회복음 운동'과 '성결 운동'이 있는데, 이 두 운동의 다른 점이 있어요. '사회복음 운동'은 사회 구조를 바꿈으로써 노조, 미혼모 보호, 직장 여성을 위한 아이들 케어 같은 도시 문제를 해결할 수 있다는 거예요. 물론 중요하죠. 하지만 '성결 운동'의 근본은 인간의 내면이 변화해야 한다고 하는 겁니다. 성령을 만나고 변화하면 세상을 달리 보게 되죠. 교과서에는 사회복음 운동이 크게 나오지만 실질적으로는 다 사라졌습니다. 그런데 성결 운동은 지금까지도 계속되고 있죠. 종교, 그리고 근본적인 신앙은 절대자와의 만남을 통해 자기 세계관이 바뀌고, 인생이 바뀌는 경험이 기본이 되어야 하고요. 그래야 사회 활동도 하고 정치 활동도 하지, 기본이 없으면 모든 게 사회적인 봉사와 다를 게 없습니다.

한국 교회의 신앙 유형에 대해 몇 가지 논문을 썼어요. 성결 운동 사람들이 어떻게 종교 체험을 했는지, 1907년 대부흥 운동에서 어떤 종교 체험을 했는지 말입니다. 그 연구들엔 이런 내용들이 깊이 있게 있습니다.

우리가 깊게 생각해 봅시다. 어떤 면에서 목사님들이, 설교는 얼마든지 멋있게 할 수 있어요. 그러나 실질적인 것은 신

자들의 삶 가운데 열매 맺는 것이고, 설교를 통해 공동체가 어떻게 바뀌었는지 확인하는 것이지요. 그래서 이렇게 '간증집'을 통해 성도들이 서로가 어떻게 변했는지를 알게 되는 것이죠. 더 나아가 목사님의 교회가 아니라, 우리의 교회라고 생각할 수 있는 좋은 포인트가 됩니다.

김일환

간증의 내용은 자유롭나요?

이종기

네, 원고를 내면 목자가 검토합니다.

김일환

그렇군요. 교수님의 좋은 권면 감사합니다.

III. 결론

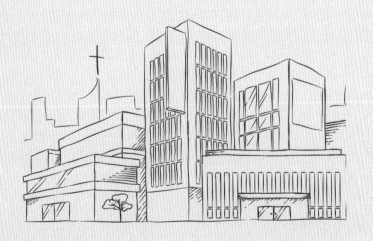

/ 결국, 복음이란 무엇인가

김일환

마지막으로 목사님께 여쭤보고 싶은 질문이 있습니다. 목사님께 '복음이란 어떤 의미'인지, 그리고 삼학동에서 사랑의 실험을 하시고 교회가 이렇게 성장했는데, '그런 관점에서의 복음'도 어떤 건지 궁금합니다.

이종기

복음은 말 그대로 기쁜 소식, 좋은 소식이지요. 한번은 신학교에 가서 '복음이란 무엇인지?'를 물어보았습니다. 그런데 우물쭈물하고 대답을 잘 못해요. 배우지 못해서 답을 못할 수도 있겠지만, 실제로 삶에 있어서 변화가 없기에 그런 것이 아닐까 생각이 들기도 합니다.

　　예수님 자체가 기쁜 소식이고, 예수님의 십자가 사건과 부활 사건이 복음이라고 한 마디 하면 되는데 그걸 못하더라고요. 왜 십자가 사건과 부활 사건이 기쁜 소식이냐면, 인간의 근본적인 문제를 해결해준 사건이기 때문입니다. 십자가 사건에서는 죄의 문제를, 부활 사건에서는 죽음의 문제를 해결했거든요. 예수를 영접하면 죄에서, 마귀에서, 사망 권세에서 벗어나 자유를 누리게 됩니다. 그게 복음입니다.

　　어떤 사람은 예수 믿으면 구원받는다고 이야기하는데, 구체적으로 설득력 있게 말을 못 해요. 언젠가 교단 교역자 수련회 때, 이런 부분으로 강의를 했는데, 많은 사람들이 은혜를 받았다고 하더라고요. 인사치레인 줄 알았는데, 나중에 들어보니 사람들이 복음에 대해 실제적으로 정리를 했다는 거예요. 그게 기억이 납니다.

김일환

이신사 목사도 복음을 '전인적 구원'의 관점에 대해 이야기를 하더라고요. 이종기 목사님께서 '아브라함의 복'의 소명을 받았다고 들었는데요. 설명해 주시겠습니까?

이종기

처음에 군산에서 목회를 하려고 해도 사람도 없고, 돈도 없어서 탈출구가 안 보이는 거예요. 그래서 1년 동안 철야 기도를 했습니다. 1년이 되어갈 때쯤 '갈라디아서 3장 14절' 말씀을 강하게 주시더라고요.

이는 그리스도 예수 안에서
아브라함의 복이 이방인에게 미치게 하고
또 우리로 하여금 믿음으로 말미암아
성령의 약속을 받게 하려 함이라
갈라디아서 3장 14절

그때 갈라디아서를 계속 읽으면서, 아브라함에 관한 말씀을 전부 찾아봤어요. 그리고 설교를 준비했는데 그때 교회가 확 바뀌더라고요.

김일환

영적인 흐름이 바뀌었다는 건가요?

이종기

그렇죠. 우리 교회 교인은 다 알겠지만, 이 교회에는 똑똑하고 부자고 잘난 사람은 안 와요. 오히려 깨지고 살길 없는 사람이 오거든요. 그런 사람들이 와서 예배드리고 기도하고 행사 있으면 봉사하고, 그것밖에 안 하는데, 10년만 지나면 다 밥 잘 먹고 살아요. 이 부분이 감동이기에 주보에도, 십일조를 많이 한 **사람의 순서대로 기록이 돼요.**

　우리는 매번 그렇게 순서를 매기는데 한 사람이 항의하더라고요. 그래서 제가 대답했어요. 여기 있는 사람들은, 처음부터 부자가 아니다. 굉장히 힘들게 살았고, 먹고살 게 없어서 방황하다가 교회 와서 복을 받은 사람들이다. 그 사람들이 복을 받아서 십일조를 300만 원, 400만 원을 하면, 나는 그 이름을 써주고 싶다고 했어요. 하나님이 뭐라고 안할 것 같다, 라고 했더니 이해가 됐다고 하더라고요. 교인 모두가 '나도 한 번쯤은, 주보에 1번이 되고 싶다.'고 생각해요. 한 사람은 사고가 나서 장애인이 되어서 보상금 1억 5천만 원을 받았어요. 그런데 십일조로 1500만 원을 낸 거예요. 그 집은 그 돈이 있어도 살기 막막하거든요. 거기에다가 제 양복을 하라고 100만 원을 더 줬어요. 그런데 그 분이 나중에 사장이 됐어요. 우리 교회에서 십일조를 가장 많이 하는 분이 됐고요.

김일환

눈물이 날 정도로 감동이 됩니다. 목사님께서는 그 양복을 평생 간직하시겠어요.

이종기

지금은 많이 닳았죠. 아무튼 그런 사람들이 와서 우리 교회가 일어선 거예요. 성도들에게도 십일조가 귀한 겁니다. 그래서 아마 개인당 헌금으로, 교단에서 전국 1위가 되지 않았나 생각합니다.

김일환

너무 귀감이 됩니다. 저희 교회에도 큰 도전이 되는 것 같습니다.

이종기

의외로 평신도 사역에 정리가 안되는 목사님들이 많더라고요. 한 번은 서울에 있는 어떤 목사님이 평신도 사역을 배우러, 우리 교회에 탐방을 왔어요. 개교회에서 평신도들에게 훈련을 어떻게 시키냐는 거예요. 그래서 단순하게 대답했죠. 위원회를 만들고, 업무를 주면 된다고 했어요. 매뉴얼을 정리해서 다음 담당자가 봐도 알아볼 수 있게끔 정리하고요. 그것이 이것입니다. 우리는 '교회 매뉴얼 사역집'을 발간했습니다.

김일환

저도 봤습니다. 참 내용이 섬세하고 좋더라고요.

이종기

그런데. 그 책 저자가 제가 아닙니다. 사역하는 평신도들이 매뉴얼을 하나하나 적어놓은 거예요. 한 사람이 다른 부서에 가도 매뉴얼을 보고 확인할 수 있게요. 그랬더니 다들 너무 좋아하더라고요.

김일환

복음으로 질문을 시작해 평신도로 이야기가 맺어졌는데, 너무 좋습니다.

이종기

복음이신 예수님 영접하는 곳에는 변화가 일어납니다. 예를 들어 봅시다. 어떤 마을에 전기가 안 들어오는 동네가 있었는데, 이제 전기가 들어오기 시작했다고 봅시다. 그 후 그 동네 라이프스타일이 확 바뀌는 거예요. TV를 볼 수 있고, 세탁기를 돌릴 수 있고, 전기다리미도 사용할 수 있습니다. 마찬가지로 예수님이 들어오시는 곳마다, 나라도 바뀌고, 민족도 바뀌고, 가정도 바뀌는 거예요. 그래서 복음은, 기쁜 소식일 수밖에 없습니다.

김일환

귀한 얘기 정말 많이 해주셨습니다. 감히 후배로써 말하기 어렵지만, 말씀을 하실 때마다 울림이 있고 제 가슴이 뜨거워지는 것 같네요.

이종기

한번은 마트에 장 보러 갔다가 사람들이 지나가는 모습을 쭉 봤어요. 노인들이 지나가는데, 그분들도 배운 사람 못 배운 사람이 있을 거 아니에요. 그런데 노인이 아무리 멋을 내도 겨울 해가 지는 것처럼 초라하게 보이더라고요. 저도 마찬가지예요. 해로 치면 지기까지 조금밖에 남지 않은 사람입니다.

　　요즘 부목사가 부족해서 제가 새가족 교육을 담당했어요. 처음에 제안이 왔을 때 노인이 아무리 설교를 잘해도,

더 젊은 목사가 해야지 안된다고 했더니, 권사님들이 꼭 하셔야 한다고 해요. 그 이유가 뭐냐고 물었더니 이번 새가족 교육할 때 한 사람이, 성령 임재를 경험했다고 하더라고요. 그러니 또 놓기도 그렇고, 그래서 지금도 계속해요.

김일환

정말 대단하시네요. 새가족 교육은 보통 그 교회의 막내 사역자가 하잖아요.

이종기

새가족 교육이 제일 중요하죠. 그래서 교회에서 저를 시키나 봐요. 허허허(웃음) 제가 새가족 교육을 하면, 다른 교회에서 오신 분들이 깜짝 놀라더라고요. 여하튼 저는 예수님을 인격적으로 만나고, 본인 안에 계신지 살펴보라고 굉장히 강조합니다.

김일환

감사합니다. 목사님 너무 귀한 영감이 계속 생기네요.

이신사 목사님, '도시 선교론'에 대해서 조금 더 여쭤보고 싶은데요. 그동안 남군산교회가 해왔던 것들과 의미, 감각, 방향에 대해서 충분히 이야기 해주셨습니다. 그런데 마지막 질문은 조금 비판적인 질문을 해보고 싶습니다. 그 이유는, 아마도 독자들은 더 다양하게 궁금해할 것 같아서 그렇습니다.

남군산교회는 '운영위원회'에 많은 에너지와 코어가 있습니다. 그렇죠? 그런데 만약, '운영위원회'에서 도시 선교론을 비판을 하거나, 그 방향을 바꾸자고 제안한다면, 어떻게 생각하는지 여쭤보고 싶습니다.

이신사

하하(웃음) 독자들이 볼 땐 그런 걱정을 생각할 수도 있겠네요. 그러나 그런 일은 별로 일어날 것 같지 않아요. 그 이유는 '운영위원회'는 단순히 시스템의 방법론이 아닙니다. '운영위원회'는 성도님들이 얼마나 교회를 사랑하는지 볼 수 있고 대화할 수 있는 공간입니다. 그렇기에 목사가 하자고 하는 것도 있지만, 성도님들이 자발적으로 사역하는 것도 많습니다.

교회가 도시를 사로잡을 때

홍정표

그런데 이런 평신도 무브먼트가 고착화되어, 새로움을 방해하는 전통이 될 수도 있지 않나요?

이신사

매년 사무총회 때마다 담당자가 조금씩 바뀝니다. 전문성이 필요한 분야 빼고, 나머지 사역의 담당자들은 조금씩 바꾸면서 순환을 시키는 거죠. 사역을 하다 보면 지칠 수도 있잖아요. 만약 그렇다면, 저는 무리하게 강제로 하지 말자는 주의를 가지고 있습니다.

홍정표

사역의 성과보다는 사람에게 더 집중된 거네요.

이신사

그렇죠. 더 나아가 사역을 하려면 기쁨으로 하자는 거죠. 대부분 말씀을 듣고 은혜를 받으면, 기쁜 마음으로 하는 것 같아요.

김일환

네, 목사님 그럼 번외로 다른 영역의 질문을 해보겠습니다. 원로목사님께서는 부흥을 위해 노력한 게 아니라 하나님께서 부어주셨다고 하셨는데요. 그 부흥이 사명을 정리하는 단계에서 시작됐다고 하셨고요. 지금 현 담임목사님께서는 어떤 방향으로 부흥을 바라보고 있는지 말씀해주시면 좋을 것 같습니다.

이신사

어렵고 심오한 질문이네요. 그러나 이런 질문이 너무 좋습니다.(웃음)

작년 수련회를 준비하면서 부흥에 관한 책을 여러 권 읽어보았습니다. 부흥에는 두 가지 입장이 있더라고요. 하나는 우리의 노력과 상관없는 '하나님의 주관적인 역사'라는 것이고, 또 하나는 '조건이 맞으면 부흥이 일어난다는 것'이었어요. 마치 비가 내리는 현상과 같죠. 비가 오는 기상 조건이 갖춰지면, 비가 내리듯이, 부흥도 온다는 것이에요. 그런데 두 가지 입장 모두 같은 점은, 부흥은 오직 '하나님만' 일으킬 수 있다고 하는 것입니다. 부흥은 에스겔의 마른 뼈 골짜기에 생기가 들어갔을 때 다시 살아나듯, 죽은 영이 다시 살아나 각성되는 거죠. 개인에게 성령 세례가 부어지는 게 '영혼의 부흥'인데, 집단적으로 일어나면 '부흥 운동'이라고 해석할 수 있겠죠.

제 목회 철학은, 원로목사님께서 성장시켜온 것을 더 날카롭고 세련되게 만드는 것입니다. 부흥을 위해서는 말씀과 기도의 뿌리가 중요하다고 생각합니다. 올해 우리 교회의 목표가 '믿음의 전성기를 갖게 하소서'입니다. 이것이 다른 말로는 '부흥'입니다. 그런데 그걸 위해 어떤 무브먼트를 만들고, 프로그램을 돌리는 게 아니에요. 모든 시대에 방법은 동일합니다. '기도', '말씀', '예배'에 집중하는 겁니다.

저희 교회가, 담임 교역자가 바뀌는 과정에서 한 번 어려움이 있었잖아요. 지금은 구조, 재정, 영적 흐름이 거의 회복이 다 되었습니다. 그런데 그게 다 기도로 수고했기 때문에 가능한 일이었습니다. 기도가 없었다면, 지금도 분쟁이 있었겠죠. 그러나 지금은 사랑과 섬김과 공동체성이 가득합니다. 우리는 코로나로 사람들이 안 모일 때도, 100일 작전 새벽기도를 했어요. 매일 130명 정도가 나와서 뜨겁게 기도했습니다. 분립개척을 하고 곧바로 닥친 코로나로 인해, 첫해에 재정이 2억이 떨어져서 18억이었는데, 기도하니까 다음 해에 20억으로 올라갔고, 작년엔 22억 결산, 올해는 예산을 24억 세우게 해주셨습니다. 기도하면 하나님이 방법도 주시고, 성도도 건강해지는 것 같습니다.

김일환

네 감사합니다. 목사님의 말에는, 자신감이 느껴져서 너무 좋습니다. 말하는데, 기도가 쌓인 힘이 느껴집니다.

그럼 목사님께 결론을 여쭤볼 텐데요. '도시선교'라는 관점에서 목사님에게 복음이란 어떤 것인지, 10년 뒤 한국 교회 생태계는 어떻게 변해 있을지, 아울러 젊은 목회자가 무엇을 준비하면 좋을지 여쭤보고 싶습니다.

이신사

전도사님은 어려운 질문은, 참 쉽게 하시는 탁월함이 있네요.
하하(웃음)

천천히 이야기해 볼 테니, 잘 들어 주세요. 먼저 복음은,
도시선교의 관점이어도, 그렇지 않아도 정확하게 한가지입니다.
그건 '예수 그리스도'입니다. 이 자체가 복음이고 구원이죠. 그분
의 몸인 교회가 저는 이 땅의 근본적인 소망이라고 봅니다. 사람
들은 정치구조, 시스템을 바꿔야 한다고 하는데, 그것을 움직
이는 사람의 마음 자체가 더러우면 소용이 없어요. 우리는 세
상의 정치 사회 속에서 그런 모순적인 예들을 많이 보지 않습
니까? 그래서 복음이 더 중요합니다. 더 나아가 교회 안에서는
복음을 통한 '구원과 능력의 실체'가 드러나야 합니다. 그 실체가
드러나는 교회가 진짜 교회고 살아있는 교회입니다.

요즘 신학자, 목회자들을 보면 복음의 능력을 신뢰하는
분들이 많이 없는 것 같아요. 저는 복음의 능력을 믿고 그 능력
이 교회 안에서 일어나면 마음의 결핍이든 경제적 결핍이든 모
든 결핍은 해결된다고 봅니다. 정치도 바뀌고, 경제도 바뀐다고
생각합니다. '대한민국' 이라는 나라가, 5천 년 역사 이래 없었
던 새로운 시스템의 나라입니다. 그러나 결국 복음을 통해 일
어난 거거든요. 그런 역사가 교회 안에, 가정 안에, 성도 안에,
지역 안에 나타나야 변합니다. 그리고 그것이 교회가 감당해
야 할 사명이라고 봅니다.

필립 젠킨스(Philip Jenkins)의 책 '신의 미래(도마의길/2009)'

에서 기독교 중심축의 이동에 대해 얘기하거든요. 서구에서 남반구, 남미, 아프리카와 아시아로 내려오고 있다고 합니다. 하비콕스(Harvey Cox) 같은 경우에는 그의 책 '종교의 미래(문예/2010)'에서 중세 이후 기독교는 죽은 시대, 암흑이라고 봐요. 왜냐하면 너무 존재론적으로 기독교를 가둬 놓았기 때문입니다. 그 시대에는 기독교를 이성적으로만 해석해서 성령이 역사하지 못하도록 막았다는 거죠. 물론 너무 극단적인 해석이지만 생각할 점도 있습니다. 종교학자가 볼 때 부흥이 일어나는 모든 곳의 특징은 '영'이라고 합니다. 브라질 같은 경우 2030년이 되면 개신교 인구가 카톨릭 인구보다 많아지게 되고 그럼 세계에서 기독교 1위 국가가 됩니다. 아프리카 사하라 사막 이남의 90%가 대부분 기독교인데 그 사람들이 대부분 오순절이라는 거예요. 그러니 앞으로 목회는 성도를 선두하고 이끌어나갈 수 있는 '영적 권세'가 없으면 힘들다고 생각해요.

지금 남군산교회도 영적인 방향으로 준비하고 있습니다. 세상에서 우리가 내세울 수 있는 것은 '영권' 뿐이기 때문입니다. 그래서 앞에서도 말씀드렸듯이 저희는 기도운동과 가족수련회, 특새와 같은 성령사역에 힘쓰고 있습니다.

원로목사님께서 말씀하셨듯이 성령사역, 소그룹, 평신도 사역이라는 세 가지 중심축을 가지고 우직하게 앞으로 나아가면 하나님께서 계속해서 남군산교회를 부흥케 하시고, 더 귀하게 사용해 주실 것이라 믿습니다.

삼학동의 눈물을 닦아주는 교회
-남군산교회 지역사회 섬김 사역 소개-

남군산교회 이신사 목사

남군산교회(기성)는 1969년 12월 3일에 설립되었다. 남군산
교회가 성장하기 시작한 것은 1983년 제5대 교역자인 이종
기 목사(남군산교회 원로목사)가 부임한 이후부터이다. 특별히
'아브라함의 복'(갈3:14)이라는 목회 철학을 기반으로 교회가
부흥하기 시작하였다. 1999년에는 '남군산교회 목적문'과
'2030비전'이 선포되었고 그 이후로 교회가 더욱 건강하게 세
워졌으며 지금까지 그 비전을 향해 힘차게 나아가고 있다.

I. 남군산교회 사역위원회

남군산교회의 사역 방향은 '평신도를 세워 사역하는 교회(평신
도사역), 소그룹 중심으로 성숙해 가는 교회(가정교회사역)'이다.
남군산교회에는 평신도들이 주관하여 이끌어가는 31개의 '연
구사역위원회'가 있다. 그중에서 지역사회 섬김과 관련된 위
원회는 5개이다. '사회봉사연구사역위원회', '시설아동섬김연

구사역위원회', '불우이웃반찬연구사역위원회', '삼학동경로잔치연구사역위원회', '교육연구사역위원회'이다. 각 위원회는 모두 평신도로 구성되어 있고 위원장, 서기, 위원들 그리고 자원봉사자들로 구성되어 있다. 그렇다면 각 사역위원회의 사역을 소개함으로 남군산교회 지역사회섬김사역을 소개하고자 한다.

II. 지역사회 섬김과 관련된 위원회 사역 소개

1. 사회봉사연구사역위원회

사회봉사연구사역위원회는 위원장 1인, 서기 1인, 위원 12인으로 구성되어 있다. 감당하고 있는 사역은 다음과 같다.

① 삼학동 불우이웃구제
매달 독거노인(17명), 시설아동(24명), 소년소녀가장(2명), 그룹홈(11명) 그리고 봉사기관 등에 소정의 지원금을 보내고 있다.

② 삼학동 대민봉사
ㄱ. 연탄배달
매년 10월에는 삼학동에 거주하는 분들(주민센터 추천)에게 4,000장의 연탄을 배달하고 있다. 배달 사역은 주로 학생들

과 청년들이 감당하고 있다

ㄴ. 불우이웃 주거개선공사

불우이웃 주거개선 공사는 인테리어 업에 종사하시는 분들과 자원 봉사자들이 함께 힘을 모아 지역 내 수리가 필요한 집을 리모델링해 주는 사업이다. 이 사역은 성도들의 재능기부로 진행되고 있다. 교회에서는 재료비 정도만 지출하고 나머지는 봉사자들의 섬김으로 진행된다.

③ 삼학동 사랑의 장보기 행사

2015년부터 추석과 성탄절이 되면 삼학동에 거주하고 있는 어려운 이웃들 150가정을 초청하여 사랑의 장보기 행사를 진행하고 있다. 주민센터의 도움을 받아 대상자들을 1차적으로 선별한 후 교회에서 다시 실태조사에 나간다. 그렇게 선별된 150분에게 10만 원 정도의 장을 볼 수 있도록 지원해 드리고 있다. 약 70명의 교회 자원 봉사자들이 자가용으로 대상자들을 집에서 마트로 모셔 오고 옆에서 장보는 것을 도와 드린다. 장보기를 마치면 마트에서 함께 식사를 나누고 다시 집으로 모셔다드리는 행사이다.

④ 삼학동 불우이웃 김치 나눔 사역

김치 나눔 사역은 삼학동 주민센터의 요청으로 시작된 섬김 (2010년)으로 지금은 김장 시즌이 되면 직접 밭에 나가 배추를 대량으로 구입하여 교회 김장과 함께 삼학동 불우이웃 150가정에 약 10kg의 김치를 만들어 배달하고 있다. 이때 4개의 시설과 그룹 홈 9곳도 섬기고 있다. 약 60여 명의 자원봉사자들이 4일 동안 교회에 나와 구슬땀을 흘린다. 감사하게도 매년 주민센터 직원들도 사역에 동참해 주고 있다.

⑤ 삼학동 불우이웃 추석 및 설날 선물 사역

추석과 설날이 되면 반찬배달대상자, 독거노인, 소년소녀가장 등(68가구)에게 소고기 두 근을 구입하여 배달해 드리고 있다. 명절에는 반찬배달대상자들에게 특별한 반찬을 만들어서 배달해 드린다.

⑥ 성탄절 선물상자 봉사

성탄절이 다가오면 10만 원 상당의 선물박스 150개를 만들어 소외된 이웃들에게 배달하여 섬기고 있다.

⑦ 무료급식소 지원(년 12회)과 YMCA밥퍼 지원(년 12회)

재정으로(각 30만 원)만 매달 지원하고 있다.

⑧ 차상위계층 섬김 사역

화재와 사고 등의 어려움으로 도움이 필요하지만 차상위계층에 속하여 법적으로 정부의 지원을 받을 수 없는 분들을 도와드리는 사역이다. 주민센터에서 교회로 도움을 요청할 때 지원해 주고 있다.

2. 시설아동섬김연구사역위원회

시설아동연구사역위원회는 위원장 1인, 서기 1인, 4명의 위원으로 구성되어 있다. 시설아동 섬김 사역은 1988년 5명의 고아들을 후원하기 시작하여 점점 사역을 확대하고 있다. 현재 진행되고 있는 사역은 다음과 같다.

① 시설아동 및 그룹홈 초청잔치
군산에는 4개의 아동 시설이 있다(삼성애육원, 일맥원, 구세군, 모세스영아원). 그리고 9개의 그룹홈이 있다. 2022년 9월 기준 총 158명의 아이들이 시설아동 및 그룹홈에 있다. 일 년에 두 차례 아이들을 고급 식당 또는 고깃집에 초청하여 대접하거나 교회에 초청하여 20여 가지의 맛있는 반찬을 만들어 정성스럽게 대접하고 있다.

② 추석과 성탄절 쇼핑행사
추석과 성탄절이 되면 시설아동 및 그룹홈 아이들 전체를 초청하여 대형마트에서 5만 원의 상품권을 지급하여 스스로 쇼핑을 하게 하는 행사이다. 관광버스를 대절하여 아이들을 대형마트로 데리고 와서 자유롭게 쇼핑을 하게 하고 쇼핑 후에는 마트에서 함께 저녁 식사를 하고 다시 데려다 주는 행사이다.

3. 불우이웃밑반찬연구사역위원회

불우이웃 밑반찬연구사역위원회는 위원장 1인, 서기 1인, 위원 4명, 밑반찬 조리 자원봉사자 12인, 배달 봉사자 4인으로 구성되어 있다.

① 삼학동 불우이웃 밑반찬 조리 및 배달(40가정)
매주 월요일 9시부터 오후 3시까지 삼학동에 거주하고 있는 40명의 어려운 이웃들을 위해 정성스럽게 반찬을 만들어 배달해 드리고 있다. 12명의 봉사자들이 음식을 만들어 도시락에 담으면, 4명의 봉사자들이 배달하여 드린다.

4. 삼학동경로잔치연구사역위원회

위원장 1인, 서기 1인, 위원 7인으로 구성되어 있다.

① 삼학동 경로잔치
2010년부터 매년 5월에는 삼학동에 거주하는 어르신들을 모시고 경로잔치를 열고 있다. 다양한 경품추첨, 기념품(화장지세트), 위로 공연 등을 준비하여 어르신들을 위로해 드리고 있으며, 행사가 마친 후에는 직접 만든 정성스러운 식사(20여 가지 반찬)로 대접하고 있다. 300명(2010년)으로 시작된 잔치는 지금은 1500명의 어르신들이 참여하고 있다.

② 삼학동 소재 경로당 후원 및 봉사

명절이 다가오거나 교회 행사가 있을 때 음식과 선물 등으로 섬기고 있다.

5. 교육연구사역위원회

위원장 1인, 서기 1인, 위원 8인으로 구성되어 있다. 교회 안의 교육기관과 교육에 관련된 사역을 하고 있다. 지역사회에 관련된 사역은 '장학금 수여식'이다.

① 남군산교회 장학금 수여식

1986년에 첫 장학금을 지급함으로 시작한 장학금 후원 사역은 조금씩 확대되다가 2015년부터는 군산시 전체를 대상으로 진행되고 있다.

ㄱ. 대상

2015년부터 군산에 소재하고 있는 초등학교 3개 학교, 중학교 19개 학교, 고등학교 12개, 대학교 4개 학교에 각 1명씩을 선발하여 장학금을 수여하고 있다. 초등학교는 50만 원, 중학교는 80만 원, 고등학교는 100만 원, 대학교는 150만 원씩을 수여하고 있다.(총 41명, 3,620만 원) 교회 내에서도 경제적으로 어려운 학생들을 추천받아 일 년에 두 차례 장학금을 지급하고 있다.

ㄴ. 추천방식

장학생 선발은 군산시청의 '인재양성과'와 협력하여 각 학교장의 추천을 받은 학생들을 선별하여 지급하고 있다. 행사 시에는 삼학동 주민센터와 군산시청의 관계자들도 함께 한다.

ㄷ. 행사 진행

좋은 식당이나 교회로 장학생들과 부모님들을 초청하여 장학금 수여식을 진행한 후 정성스럽게 준비한 식사를 함께 나누고 마친다.

III. 군산지방회 목회자 섬김

① 목회자 섬김

남군산교회는 같은 군산시 내에 있는 교단(기성) 목회자들도 섬기고 있다. 매년 추수감사절이 되면, 성도들의 양복헌금 (60만 원)으로 작은 교회 목회자들에게 식사를 대접하고 양복비를 선물하고 있다. 작년에는 20회가 되었는데 성도님들이 헌금을 더 많이 해주어서 군산지방회를 넘어 전북지방회에 있는 목사님들까지 총 35분의 목사님들에게 양복 선물을 드렸다.

또한 은퇴목사 및 홀사모님들도 섬기고 있다. 약 30년 전부터 설날, 추석, 추수감사절에 30만 원씩 접대비를 계좌로 약 17가정에게 보내드리고 있다. 그리고 정기적으로 목사님들에게 식사 대접을 실시하고 있다. 또한 매해 김장을 할 때 은퇴 목사님들에게도 김치 10kg씩 드리고 있다.

② 작은 교회 섬김

수년 전부터 작은 교회 리모델링 사역을 계획하였으나 코로나로 인하여 리모델링 사업 대신 어려운 교회들에게 후원금(100만 원씩)을 보내드렸다. 2020년에는 30교회를 섬겼고, 2021년에는 40교회를 섬겼다. 그리고 작년부터 제1호 작은 교회 리모델링 공사를 진행하였다. 인테리어 업에 종사하고 있는 교회 성도들의 자발적인 헌신으로 외부, 실내 인테리어를 하였다. 입당예배를 드릴 때 작은 교회 성도들의 눈물을 보면서 하나님께서 기뻐하시는 사역임을 더욱 확신하게 되었고 계속해서 이 사업을 진행할 계획이다.

IV. 마치는 글

남군산교회의 지역사회 섬김 사역의 모토는 "삼학동의 눈물을 닦아 주는 교회"이다. 삼학동은 남군산교회가 자리하고 있는 동네이다. 우리는 일차적으로 삼학동을 섬기려고 힘쓰고 있고 그들을 위로하기 위해 노력하고 있다. 어떤 큰 그림을 가지고 시작한 것이 아니라 상황에 맞게 필요를 채워주는 사역으로 시작하여 자연스럽게 여기까지 오게 되었다. 오랜 기간 어려운 이웃을 섬기는 사역을 꾸준히 감당했을 때 하나님께서는 남군산교회에 많은 복을 넘치도록 부어 주셔서 더 많은 분들을 섬길 수 있도록 해주셨다. 앞으로의 목표는 삼학동을 넘어 군산 전체로 섬김의 지경을 넓혀 가는 것이다. 감사하게도 올해에는 삼학동을 넘어 신풍동까지 사역의 지경을 넓히게 되었다. 주님 오시는 그날까지 하나님 보시기에 더욱 아름답게 주변의 어려운 이웃을 섬기는 교회 되기를 소망한다.

"우리는 지역사회를 위하여
노인교회, 청소년 사역, 불우이웃 섬김,
호스피스 사역, 교도소 사역을 통하여 섬기는 삶을 꿈꾸고 있다."

-남군산교회 2030VISION 中-